# 人生で
# 大切なことは
# コーヒーが
# 教えてくれる

テレサ・チャン 著
佐々木雅子 訳

Discover

# はじめに

コーヒーは、昔から人生のささやかな楽しみのひとつだった。

十八世紀のロンドンでは、コーヒーハウスは「ペニー大学」と呼ばれていた。というのも、コーヒーハウスに入る人々は入場料として一ペニー、そしてコーヒーと新聞にそれぞれ一ペニー払ったからだ。好奇心にあふれた人々は、そこで詩人や商人、旅回りの修繕屋と知り合い、コーヒーを飲みながら議論に花を咲かせた。自由に語り合い、共に考えることのできる場所。それが、コーヒーハウスだったのだ。

一杯のコーヒーで、目が覚める。頭の回転がなめらかになり、会話がはずみ、場がなごやかになる。

よく、心の平和を求めて何時間も瞑想する人がいるが、私にとっては一杯のコーヒーを飲むことがそれにあたる。コーヒーから私は、穏やかさ、静けさ、落ち着きといったものすべてを学んだ。

コーヒーを楽しんでいるとき、私は、私以外の誰かであろうとしたり、何かをしなければならないと焦ったりすることはない。ただ、自分自身であるだけである。言い換えれば、シンプルにその瞬間を楽しんでいるだけなのだ。

幸せで満ち足りた人生の基本法則とは、きっとこういうことを言うのではないかと思う。

かくして私は、一杯のコーヒーから教わった「人生で本当に大切なこと」についての一冊の本を書くこととなった。コーヒーが教えてくれたシンプルな人生哲学はどれも、人生を最大限に生かし、毎日をいい気持ちで過ごすために役立つものだと、私は考えている。

ぜひとも、美味しいコーヒーを飲みながら、本書を手にとって楽しんでいただければ幸いである。

テレサ・チャン

Coffee Wisdom
by Theresa Cheung

Japanese translation published by arrangement with
Conari Press, an imprint of Red Wheel/Weiser Books
through Japan UNI Agency, Inc.
All Pictures by Unsplash

# 目次

はじめに 002

## 第1章 温めなおすと苦くなる

1 人生はあなたが味わうためのもの 014
2 言い訳しない 016
やってはいけない 018
3 主体的に決める 020
4 思いこみを捨てる 022

## 第2章 新鮮な豆を、いつも挽きたてで

5 古い行動パターンを捨てる 026

泡立てたミルクの楽しみ 028
6 何度でも挑戦する 030
コーヒー辞典① 032
7 相談する 034
コーヒー辞典② 036
8 チャレンジする 038
9 判断力を高める 042
コーヒー占い① 044
10 自分を大切に扱う 046
11 失敗を認める 048

## 第3章 豆は適度な挽き加減に

12 複数の解決方法を考える 052
13 オープンマインドになる 054

美味しさの基本 056
14 人生に求めるものを明確にする 058
15 リラックスする 060
16 休息をとる 062
17 おおらかにギブ&テイクする 064
18 ポジティブに考える 068
コーヒー占い② 070
19 チームの力を生かす 072
20 ウィン・ウィンを実現する 074
21 変えられないなら考えない 076

## 第4章 上質の豆と新鮮な水を使う

22 自分を信じる 080
新鮮な水を使う 082

23 高い自己イメージを持つ 084
24 成功をイメージする 086
25 人との違いを楽しむ 088
コーヒーの個性 092
26 自分が求めるものを知る 094
ロースト 096
27 自分でゴールを決める 098
28 直感を信じる 100
29 直感のひらめきを待つ 102
カプチーノ 104
30 成り行きに任せる 106

## 第5章 豆とお湯のバランスを正しく

31 困難を受け入れる 110

32 現実的に考える 112
コーヒーの専門用語 114
33 自分自身の親友になる 116
34 ネガティブ思考に対処する 118
35 ネガティブな感情を受け入れる 122
36 困難に向き合う 124

## 第6章 沸騰したお湯は風味をこわす

37 バランスの崩れを見つける 128
38 身体をゆるめる 130
39 呼吸のテクニックを取り入れる 132
コーヒー好きの偉人たち 134
40 過剰にならない 136
41 時間を管理する 138

42 心に訴える経験をする 140

コーヒーの味についての専門用語 142

43 何もしない時間を持つ 144

## 第7章 温かいうちに飲む

44 成功者の感覚を持つ 148

コーヒーの新鮮さを保つ 150

45 思考のパワーを活用する 152

46 ものの見方を変える 154

47 今日を生きる 158

48 今この瞬間を楽しむ 160

あとがきにかえて 162

Coffee Tips

Coffee Break

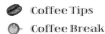

本書は、2005年6月に小社より刊行された
『コーヒーブレイクに見つけた48のシンプル成功哲学』を
改題し、デザインを一新して刊行されたものです。

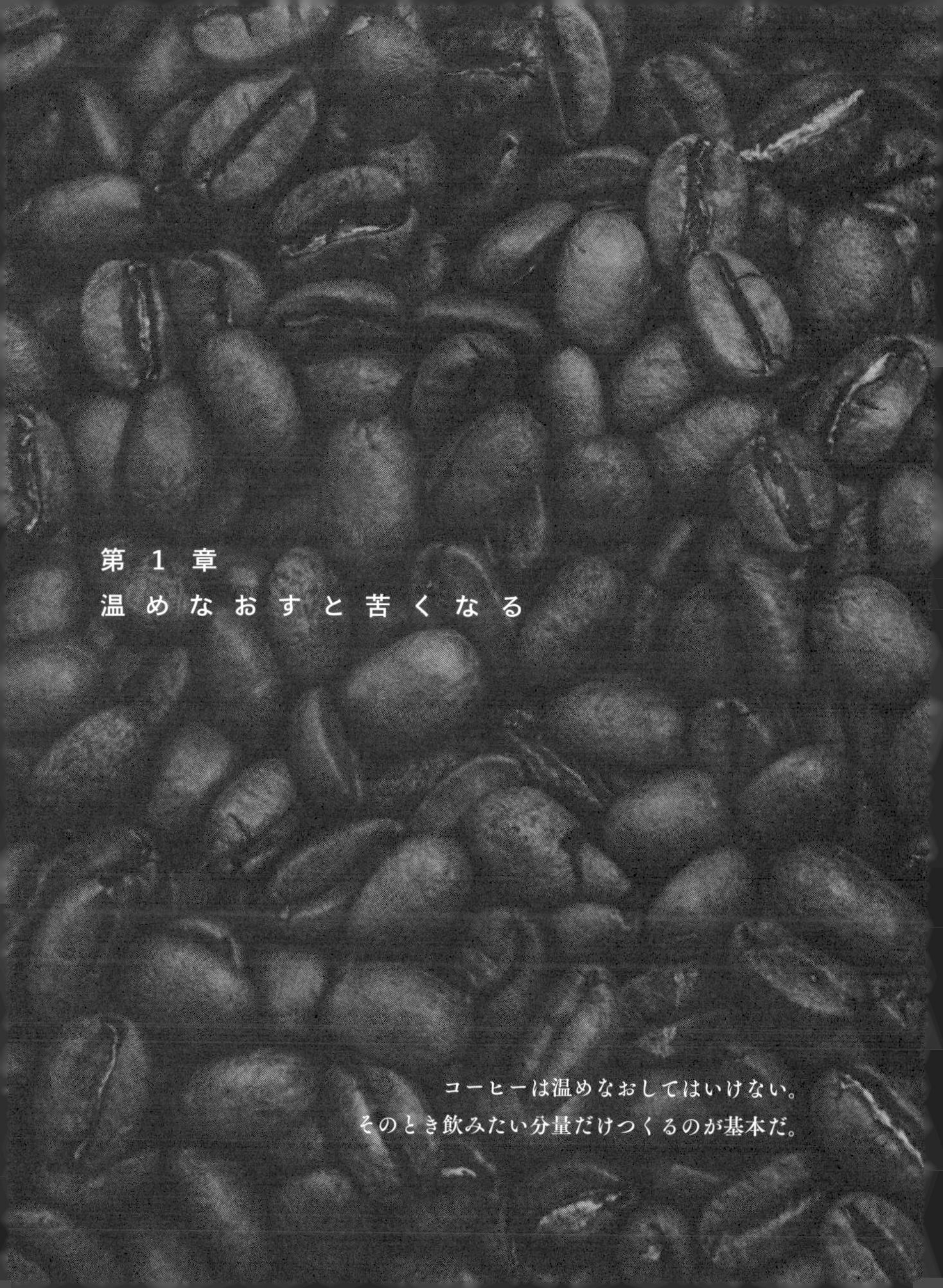

# 第１章
# 温めなおすと苦くなる

コーヒーは温めなおしてはいけない。
そのとき飲みたい分量だけつくるのが基本だ。

# 1 人生はあなたが味わうためのもの

コーヒーを一口飲んで、ほっと一息つく時間は、一日一日が人生の新しいチャンスであることを思い出させてくれる。

幸せを感じるために必要なのは、何かにチャレンジして成功することではない。必要なのは、「自分の人生は自分でコントロールできる」という信念を持つこと。自分の意思決定に責任を持っている人のほうが、そうでない人より、人生にたいする満足度が高いということが知られている。

つまり、人は、自分自身でいられるときが一番幸せなのだ。

人生に満足している人がほかの人より特別優れているとは限らない。けれども彼らは望むものを手に入れている。なぜだろうか。

それは彼らが、うまくいくための保証をどこかに求めたりせずに、純粋にチャンスだけを求めたからだ。どんな状況でも、どこかに必ずチャンスはある。それを見つけたとき、うまくいく保証を自分以外の誰かに求めていては、先に進むことなど決してできないだろう。

毎日が素晴らしいチャンスに満ちている。毎日がフレッシュで、新しい喜びが存在する。人生に満足している人は、自分自身の意思にしたがって生きている。それゆえ、集中した気持ちで、すべての瞬間を味わうことができるのだ。

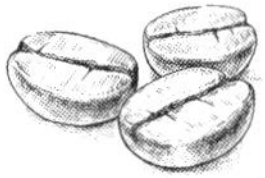

**人生はチャンスと新しい喜びの連続。**
**自分の意思決定に責任を持てば、人生を味わい楽しむことができる。**

# 2 言い訳しない

過去は変えることができない。自分や他人を責めても、苦い思いをするだけだ。過去は、「理解」するためにあると考えよう。自分はなぜそのように行動したのか？　それが現在にどう影響しているのか？　それが理解できたなら、もう十分。それ以上考える必要はないから、気持ちを楽にして前に進むのみだ。

アンソニー・バージェスは一年間に五冊もの小説を書いた。それほどまでに彼の意欲をかきたてたのは、医者から「あと六ヶ月しか生きられない」という宣告を受けたことだった。彼には妻に残すお金がなかった。半年で、家族のために何ができるかと考えたときに、彼には書くことしか思い浮かばなかったのだ。

しかしアンソニー・バージェスは死ななかった。彼のガンは、すっかり消えてしまったのだ。その後、アンソニーは七十冊もの本を書き、充実した長い人生を送った。けれども、四十歳のときにガンによる「余命宣告」を受けなかったら、彼は何も書かないままだったのではないだろうか。

やりたいことをはじめるのに、「余命宣告」は必要ない。いつでも、たとえばたった今からでも、はじめることはできるのだ。

まずはコーヒーブレイクをとろう。そして、もしあと一年の命だとしたら、次の六ヶ月の間にどんな変化を起こしたいか、五つほど考えてみてほしい。そしてそのうちのひとつだけ、まずは実行してみよう。ひとつ実行してうまくいけば、それであなたは元気になる。そうすれば、さらに次の行動へと向かうことができるだろう。

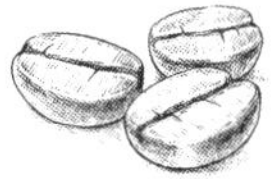

**もしあと一年の命なら、あなたは何をしたいだろうか？**
**「余命宣告」を待たずに、いますぐそれを実行しよう。**

Coffee Tips

# やってはいけない

1　熱すぎるミルクを加える。

2　コーヒーを火にかけて温めなおす。

3　古いコーヒーに新しいコーヒーをつぎたす。

4　粉の分量が多すぎる。それで強い味のコーヒーができるわけではない。

5　沸騰しているお湯を使う。コーヒーに苦味が出てしまう。

美味しいコーヒーを淹れるには、挽きたてのコーヒー豆を使うこと。そして新鮮な水を沸騰させ、五秒待つ。沸騰しているお湯で淹れてはいけないし、冷めてしまったコーヒーを火にかけ温めなおしてもいけない。

したがってコーヒーの温かさを保つために、カップは先に温めておくのがおすすめ。

# 3 主体的に決める

私たちは、一日に何度も、主体的になるか受け身でいるかの選択をせまられる。天気が悪い、仕事がうまくいかない、電車に乗り遅れる、駐車違反の呼び出しを受ける、コーヒーをこぼす。そんなときあなたは、どうするだろうか。

受け身の人は、よく考えないで反応する。それはまるで、風に吹かれる木のようなもの。風が強くなれば、折れてしまう。一方、主体的な人は、考えて行動する。そして取り乱さずに、穏やかな心でいようとする。他の人や物事のせいで、一日を台なしにすることはない。

受け身になっているかどうかは、使っている言葉で分かる。典型的なのは「だって、私はそういう人だから」。この言葉を使う人は「こうなったのは私のせいじゃない。私は私自身を変えることはできない」と思っている。あるいは「誰々に気分を害された」。こういう人は「他人が私の感情をコントロールしている」と考える。

または「どこか違う国に住んでさえいれば……」「ほかの仕事をしてさえいれば

……」「もっとお金があれば……」といった言葉。「私の幸せを左右するのは周囲の環境であり、私はその犠牲者だ」という思いが強くあらわれている。

こうした受け身の言葉は、あなたからパワーを奪う。反対に、主体的な言葉は、コントロールする力をあなたに与える。

「うまくいく方法を考えよう」というのが主体的な言葉だ。

一日に五十杯ものコーヒーを飲んでいたといわれるヴォルテールは、人生をトランプにたとえている。プレイヤーは、人生が自分に配ったカードを受け入れるしかない。手持ちのカードでどう勝負するかを考えなくてはならないのだ。

何が起こるかはコントロールできなくても、自分がどのように反応するかはコントロールできる。カードが悪かったと言い訳をすることもできるし、主体的に取り組むこともできる。選ぶのはあなただ。

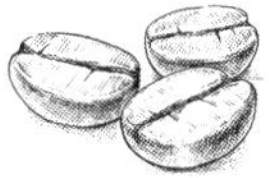

**何が起きたとしても、どう対処するかは、自分で決めることができる。**
**主体的に決めることが、あなたに状況を変える力を与える。**

# 4 思いこみを捨てる

正しいと考えていたことが、実はまったく間違っていたと、あとから気づいたことはないだろうか？　たとえば、友だちが不機嫌なのは、自分のせいだと思っていた。でも本当は、あなたには何の関係もなく、友だちはお金の心配をしていただけだった——といったことだ。

他人についての思いこみだけでなく、私たちは、自分の可能性をせばめるような思いこみをすることがある。たとえば、「それは不得意だ」「私にはできない」「私はそういうタイプではない」といったような考えである。

しかしネガティブな思いこみのほとんどは、実際には何の根拠もない。こうした思いこみは捨てて、新しくのびのびとした考え方を持つべきだ。古い習慣をこわすのは大変だ。すぐにうまくいかないからといって、がっかりしないでほしい。アドバイスをいくつか紹介しておこう。

・「それをするのはもう少し上達してから」という考え方をやめる。
・愛する人の模範になる。楽天的に、前に向かって進むあなたを見せてあげよう。
・自分の感情を受け入れることを学ぶ。

怒りや悲しみ、嫉妬をはじめ、あなたがよくないと考えているどの感情も、感じること自体に問題はない。未来に目を向けるためには、自分の感情を認めたならば、それ以上考えないようにすることだ。

・深刻に考えすぎない。

新しいことをやってみたり、笑ったりして、自分の中の子どものような遊び心、好奇心、明るさを呼び起こそう。

**たいていのネガティブな考えには、根拠はない。思いこみは捨てて、楽天的に前に進むべきだ。**

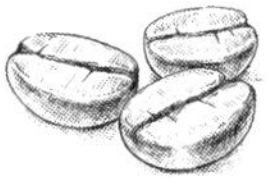

朝のコーヒーには何ともいえないさわやかさがある。
昼や夜のコーヒーも活力を与えてはくれるが、さわやかさは望めない。

――オリヴァー・ウェンデル・ホームズ（作家・医師）

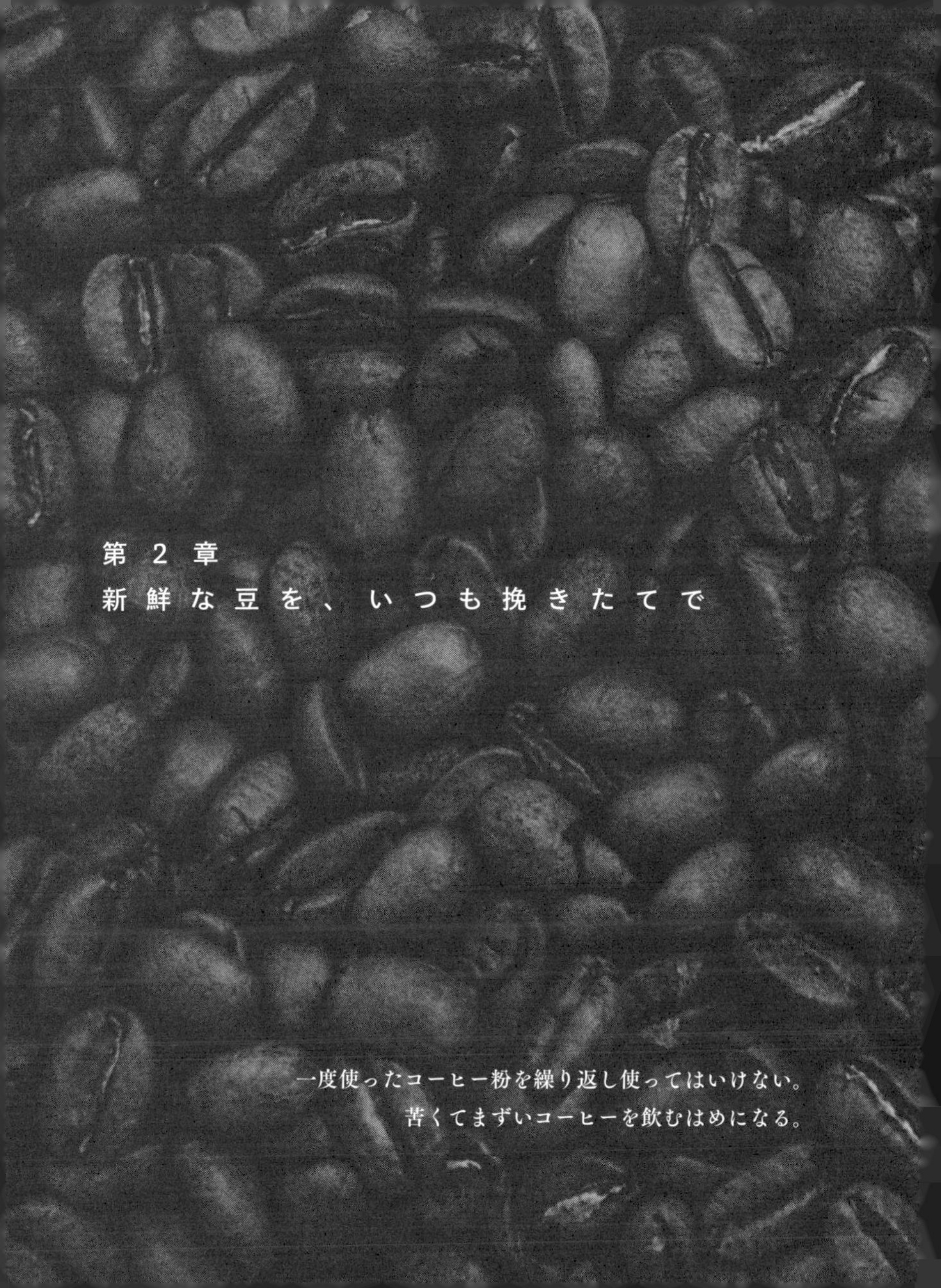

# 第2章
# 新鮮な豆を、いつも挽きたてで

一度使ったコーヒー粉を繰り返し使ってはいけない。
苦くてまずいコーヒーを飲むはめになる。

# 5 古い行動パターンを捨てる

一度使ったコーヒー粉をもう一度使うのは、まるで昔の恋人を訪ねるようなものだ。すでに、美味しいところは味わいつくしてしまっている。

同じように、多くの人は、使い古した行動パターンを繰り返している。そのパターンを繰り返すことで、新鮮な人生の味わいを台なしにしている可能性があるのだ。

たとえば、愛する人とうまくいかないとき、相手に怒りをぶつければ、とりあえずその場はイライラを発散することができる。次から次へと恋人を変えれば、そのたびに新鮮な情熱がかきたてられる。皮肉屋でいれば、自分の本当の気持ちを見せないでいられるし、引きこもっていれば、いろいろなストレスにさらされずにすむ。

こうした行動が自覚しないうちに、くせになってしまっていることがある。ネガティブな行動の裏には、なんらかの快楽があり、それが行動を繰り返す理由になっている。それを明るみに出せば、自分自身を見る目が変わり、行動パターンから抜け出すこともできるようになる。

失敗するのが怖くて引きこもっていることを自覚すれば「私は恐怖なんかに人生を支配されない」と自分自身に言い聞かせることもできる。そうした行動パターンのプラス面とマイナス面をじっくり考えてみればよい。引きこもっていることから得られる安楽さは、自己評価が低くなるという長期的なマイナスに値するものだろうか？

まず、あなたのネガティブな行動の裏にある隠された理由を見つけてほしい。それが分かったら、そのせいでどういう結果になっているかをよく考えてみるとよい。隠された快楽に目をつぶっていれば、結局はそのつけを支払わなくてはならない。

一度使ったコーヒー粉は捨てて、新しいものを使う。ためにならないと分かっていることを続けないことが、さわやかな人生へのステップなのだ。

**ネガティブな行動に隠された快楽を自覚すれば、新しい人生に踏み出すことができる。**

Coffee Tips

# 泡立てたミルクの楽しみ

エスプレッソにミルクをくわえると、風味が変わって、まるで別の飲みものだ。フレンチプレス（紅茶抽出器をコーヒー用にしたもの）で、ミルクを美しく泡立てて使ってみよう。

**フレンチプレスの使い方**

1　鍋でミルクを沸点ぎりぎりまで温め、フレンチプレスに移す。ミルクはフレンチプレスの三分の一の高さまでにし、泡のためのスペースを残しておく。

2　プランジャーを何度か上下させミルクを泡立てる。

きれいに洗ったペットボトルに温めたミルクを入れ、泡が立つまで振っても、同じように泡立てたミルクを作ることができる。

残ったミルクは温めなおしたり泡立てなおしたりしてはいけない。

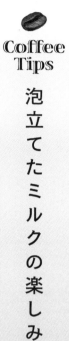

# 6 何度でも挑戦する

ディズニーの最初のアニメーション会社は倒産した。

ビートルズは、いくつかのレコード会社から門前払いを食わされ、なかなかデビューできなかった。

ハリソン・フォードは、一度俳優をやめて大工をしていた。

偉大な成功者の多くが、人に否定されるという経験をしている。しかし、たったひとつのイエスが彼らの運命を変えた。そのひとつのイエスを探し続けることが成功を呼んだのだ。

成功している人は、立ち直りが早い。彼らは、失敗することよりも、何もせずにチャンスを失ってしまうことのほうを心配する。

エジソンは、蓄電池の実験でいい結果を出せなかったときにも、失敗を認めずに、「うまくいかない方法を一万通り見つけた」と言った。失敗は成功へのステップだ。うまくいかなくても建設的に考え、ねばり強くがんばることが成功を呼ぶ。心の底から成功を願っているなら、いつかはそれを得る方法が見つかる。あきらめないで。自分を信じ、夢見るものを探し続けるのだ。

未来には何があるか分からない。幸運があなたを素通りし、何ひとつうまくいかないように思えても、絶望することはない。成功への道を進むには、失敗も失望も、避けては通れないのだ。

美味しいコーヒーを途中で捨ててしまう人はいない。うまくいかないからといって、すぐにあきらめることはない。失望したくらいで立ち止まってはいけないのだ。元気を出し、未来に目を向けもう一度挑戦すること。

未来はあなたのものなのだ。

**一度の失敗であきらめるのは、美味しいコーヒーを捨てるようなもの。**
**失敗は成功へのステップ。立ち直りの早さが成功を呼ぶ。**

Coffee Break

# コーヒー辞典①

## エスプレッソ

正式にはカフェ・エスプレッソで、圧力で抽出するコーヒーのこと。香り高く、口当たりのいい豊かな味わいとカラメルのような甘さ。他のコーヒーのベースとなる。

## カプチーノ

蒸気で温めたミルクとミルクの泡を、エスプレッソに注ぐ。割合はエスプレッソ三分の一、ミルクとミルクの泡で三分の二。仕上げにチョコレートをふりかけてもよい。

## カフェ・ラテ

エスプレッソを一、泡立てたミルクを二か三の割合で、同時に厚手のグラスに注ぐ。カプチーノよりミルクの味が強い。

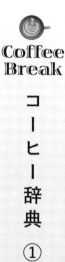

**カフェ・オ・レ**

少量のエスプレッソにホットミルクを注ぐ。ボウル状のカップを使うことが多い。ヨーロッパの子どもは、このタイプのコーヒーで、コーヒーの世界に入門する。

**カフェ・コレット**

エスプレッソにリキュールを少し混ぜたもの。

**カフェ・シェケラート**

シロップを入れたエスプレッソを、カクテルシェーカーで氷とともにシェイクして、冷やしたグラスにこしながら入れる。ふっくらと泡立った層が特徴。夕食の最後に出される。

**カフェ・ラテ・フレッド**

温かいエスプレッソを冷たいミルクと混ぜ、氷とともにシェイクする。割合はエスプレッソ三分の一、ミルクが三分の二。こしてから大きなグラスに入れるのが一般的。

# 7 相談する

人間は社会的な動物。問題のあるときは、優しく心配してくれる人や、同じ困難をかかえている人と話をすることが必要だ。

もし話し相手がいないと、問題や失敗、挫折をとても大きく感じてしまう。他の人と相談することで、バランスのとれた物の見方ができるようになり、解決の糸口が見つかるのだ。

自己評価の低い女性のグループを対象にある実験が行われた。女性たちは、よく似た問題をかかえた女性に紹介されるグループと、一人で問題に取り組むグループとに分けられた。その結果、他の女性と相談できた女性は驚くほど状態がよくなったが、一人で取り組んだ女性にはほとんど改善が見られなかった。

三人寄れば文殊の知恵という。何かに悩んでいるなら、自分一人の胸の内に閉じこめないで、信頼できる人に相談しよう。
そう、まずは友だちをコーヒーに招待すればよい。

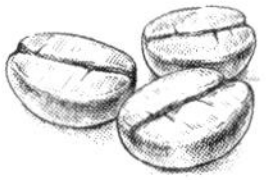

悩みは人に相談することで軽くなる。
問題は抱えこまないで、誰かと話したほうがいい。

Coffee Break

# コーヒー辞典②

**エスプレッソ・アメリカーノ**

熱湯でうすめたエスプレッソ。カフェ・グランデまたはロング・エスプレッソとも呼ぶ。

**エスプレッソ・ロマーノ**

一片のねじったレモン皮をそえて出されるエスプレッソ。

**エスプレッソ・コレット**

少量のアマレットまたはグラッパ（イタリアのブランデー）をそえたエスプレッソ。

**エスプレッソ・マキャート**

ホットミルクの泡をほんの少したらしたもの。マキャートは「染み」の意味。

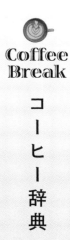

**ラテ・マキャート**

泡立てたホットミルクに、エスプレッソを注いだもの。

**エスプレッソ・コン・パンナ**

エスプレッソの上にホイップクリームを浮かべたもの。

**エスプレッソ・リストレット**

普通より少なめに抽出したエスプレッソ（エスプレッソの最初に抽出される部分）。

**カフェ・モカ**

エスプレッソにチョコレートシロップとホットミルクを入れ、ホイップクリームをのせてチョコレートをかけたもの。ぜいたくな一杯。

# 8 チャレンジする

新しいチャレンジは、誰でも怖く感じるものだ。しかしチャレンジすれば、あなたはより強く賢くなる。もし、そのチャレンジが間違いであったとしても。

たとえ、怒りの感情でも、あなたのためになることがある。たとえば「もう、あいつなんて当てにしない」といった心の持ち方は、ポジティブにあなたを前に進ませる。ノーと拒絶されたら、落ちこんでぼんやりしているのではなく、それをばねにして再び行動を開始すればいい。

ノーという言葉はこの世の終わりではない。イエスかノーか、わからないままでいるより、ずっといい。次に何をすればいいかに集中できる。むしろ、この新しいチャンスを歓迎するべきなのだ。ノーという言葉を「この方法ではだめだから、もっといい方法を考えなさい」という意味に捉えるようにしよう。ダイエットがうまくいかないなら専門家にアドバイスをもらおう。昇進できないなら、他のチャンスを探そう。アイデアが誰かに拒否されたら、別の誰かにアドバイスを求めよう――。

新しいチャレンジほど、失望を癒やしてくれるものはない。夢中になって、新たに何かに取り組むことは、自尊心を取りもどすのに何より効果的だ。一度使ったコーヒー粉ではまともなコーヒーができないように、過去をひきずっていては、充実した人生をおくることは難しい。

なぜ、うまくいかなかったかを理解したなら、打ちこめるものを探すべきだ。さもないとネガティブな考えが再び顔を出して、自分自身をけなしはじめてしまう。

障害をなかなか乗り越えられないときには、将来を想像すればよい。問題ではなく、チャレンジやチャンスのことを考えるのだ。何かいいことが待っているかもしれない。コーヒーカップを飲みほせば、また新しいコーヒーで満たすことができる。たぶん、もっといいもので――。それが世の中のしくみなのだ。

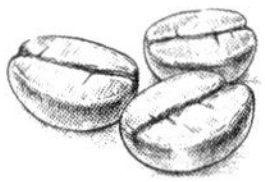

**ノーという言葉は、新しいチャンスへの道しるべ。**
**怖くてもチャレンジして、新しい自分と出会おう。**

愛ってね、ママがパパにコーヒーをつくって、
一口飲んで味をたしかめてから、パパにわたすことだよ

——ダニー（七歳）

## 9 判断力を高める

健全な判断力とは、不運を最小限にするような行動をとることだ。起こりうる結果をあらかじめ考えてから行動するためには、自分自身に問いかけることが必要になる。たとえば次のような質問が有効だ。

・私は今、行動するべきだろうか？
・もっと時間をかけたら、どのような効果があるだろう？
・私は何が言いたいのだろう？　何をしたいのだろう？
・誰に影響をおよぼすだろう？
・誰が感情を害するだろう？　そのことは問題だろうか？
・怒らせる人を最小限にするにはどうすればいいだろうか？
・人を傷つけざるをえない場合、どうすればその痛みをやわらげられるだろう？

健全な判断力には、他人を尊敬し大切にすることも含まれる。あなたが彼らを大切に思っていることを本人に示すようにしよう。簡単なことだ。ただ彼らの感情や言葉の意味を聞きとるために時間をとればいいのだ。

アドバイスや、お説教はしてはいけない。聞いているふりをしたり、聞きたいことだけ聞いたり、自分の立場からしか考えないという姿勢もだめだ。

人の話を聞くようにすれば、相手にもより理解されるようになり、欲しいものが手に入る可能性も高くなる。また、人の話をよく聞けば、視野が広がるので、判断力が高まる。そのため、よりよい選択ができるようになる。失敗を繰り返さず、そこから学ぶことができるようになるのだ。

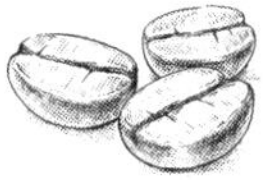

**自分自身へ質問し、人の話をよく聞くことが、判断力を高めるためには役に立つ。**

Coffee Break

# コーヒー占い①

**エスプレッソが好き**
知的で洗練されていて、全力で物事にあたる人。秩序のある計画的な生活が好き。

**カプチーノが好き**
いつも愉快で元気一杯。パーティの中心人物。うわさ話が好きで、話が大げさ。

**カフェ・ラテが好き**
気楽なのんびりや。目覚まし時計が嫌い。のんきすぎて、人につけこまれることも。

**カフェ・モカが好き**
いつも、自分が最も魅力的に見える状態でありたいと思っている。カリスマ性があり、思わせぶり。

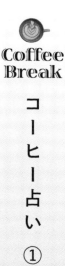

## ドリップコーヒーが好き

才能があり勤勉だが、なかなか認められない。広く浅い知識がある。話し好き。

## アイスコーヒーが好き

クールで一定以上に他人を近づけない。人生があまりにエキサイティングなので、自由を満喫したいと思っている。崇拝者はたくさんいるけれど、本当に心を開ける相手は少ない。

もちろんエスプレッソ好きの人全員が、知的で洗練されているわけではない。けれどもこの占いは、自分が演じている役割や、他人に与えているイメージについて、考える機会となる。

人生を楽しみたいなら、自分の自己イメージを変えていく必要がある。昔からの習慣（飲むコーヒーの種類といった小さなことでも……）を見なおすことは、人生をいきいきしたものにするひとつの方法だ。

# 10 自分を大切に扱う

自分自身に対して「おまえはあまり優しくない、頭がよくない、美しくない、面白くない」といったことを言い続けていては、成功などできない。もし心当たりがあるなら、今すぐ、自分にこう言うべきだ。過去に押しつけられた解釈に耐えて生きる必要はないのだ、と。

一度使ったコーヒー粉を捨てるように、ネガティブな過去の言葉は捨て、成功の可能性を見つめるべきなのだ。

ポイントとなるのは、人生に対するあなたの姿勢だ。人生が思ったとおりにいかなくても、それでもあなたの人生の決定権はあなたにあるということ。このことを忘れないでほしい。あなたの人生をよりよいものにできるかどうかは、あなた自身の感じ方次第なのだ。

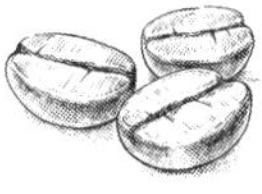

あなたは、他の人にどのようにあなたを扱えばいいかを教えられる、ただ一人の人間だ。ふさわしい扱いを受けるために、他の人と交渉することを学ぶ必要がある。あなたが決める側になるのだ。もし不本意な扱いをされたら、状況を変えるために何ができるかを考えよう。そして、あなたが受けるに値する敬意を求めるのだ。

人間関係の基本パターンを決める最も重要な関係とは、自分自身との関係だ。人はあなたが自分をどのように扱っているかを観察している。愛と敬意をもって自分自身を大切に扱うべきだ。そうすることで、どのように扱われるかを決めるのはあなただというメッセージを送ることができる。そして、あなたの周りにはあなたを大切に扱う人が集まるようになり、あなたの新しい捉え方が正しかったことを証明してくれるだろう。

**自分自身を大切に扱うことで、他の人も**
**それにしたがってあなたを大切に扱うようになる。**

# 11 失敗を認める

大事な質問は「なぜ私にこんなことが起きるの？」ではなく「どうやって逆境から立ち上がればいいだろう？」だ。物事がうまくいかないときは最低最悪の気分になりがちだが、あなたには対処する能力があるはずだ。次の方法で、逆境を乗り越えよう。

1 それが起こったという現実を認める
2 そのできごとを繰り返し思い出さない
3 うまく対処し、未来に向かって進んでいる自分をイメージする
4 悪いことは人生につきもの。不幸を自分や他人のせいにしない
5 自分を他人とくらべない
6 自分が強く有能に感じられるような考えで心を満たす

出口がないと感じるときは暗闇の中にいるようなものだ。しかし闇が濃くなったあ

とには必ず夜明けがくる。やがて乗り越えることができるのだ。

誰の人生も挫折と失敗だらけだ。乗り越えるには、それを受け入れ、より自由な未来へと進むしかない。自分自身や他人を責めるのをやめ、罪の意識を捨て、新しいポジティブな未来を築こう。これができれば、人生に何が起こっても対処することができる。

あなたには乗り越える力があるのだ。

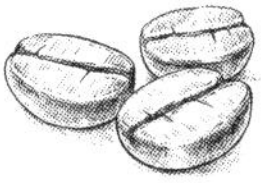

**挫折や失敗は、素直に受け入れよう。**
**そして未来に向けて思考を切り替えることで、乗り越えることができる。**

コーヒーの発見は、望遠鏡や顕微鏡の発明にひけをとらない重要なものだ。
というのも、コーヒーは意外にも、脳の能力や活動を強化・改善するからだ。

――ハインリヒ・エードゥアルト・ヤーコブ

# 第 3 章
# 豆は適度な挽き加減に

細かく挽きすぎたコーヒーは苦味があり、
反対に挽きが粗いと味が薄くなる。

# 12 複数の解決方法を考える

豆の挽き加減が適切でなければコーヒーがまずくなるのと同様に、状況に合わない行動をしていれば、望む結果も得られない。

問題があるときは、まずは、対処する方法を、できるだけ数多く考えることだ。できるだけ多くの選択肢があったほうが、適切な方法を選べる可能性が高まる。無理だと思えるものでもかまわない。現実的かどうかは、あとで考えればいいのだ。

できるだけ多くの解決方法をリストアップしてから、どれを選ぶかを決める。それぞれの方法の長所と短所をすべて書き出してみるのも効果的だ。

いくつかの選択肢から選ぶためには、自分が本当に求めるものは何かを自問する必要がある。自分が何を本当に望んでいるのか、自分でも分かっていない人は多い。いつも、「～しなくてはいけない」というような考え方をしているのならば、「自分は何をしたいのか？」と考えることからはじめてみるとよい。

自分で選んだ解決方法を実行してみよう。そして、それが成功したら、まずは、よくやったと自分を褒め、素直に喜ぶべきだ。大切なのは、自分の成功をはっきりと確認し、うまくいった理由や、自分の強みや弱点について知ること。

もし、うまくいかなくても、その試みは失敗ではない。勇気を出して挑戦した自分を褒めるべきだ。

こうした経験からできるだけ多くのことを学び、もう一度チャレンジするのだ。チャレンジすればするほどより多くのことが学べ、状況に対処する力が身についていく。

うまくいかなくても、この世が終わるわけではない。それに、これからも失敗が続くわけでもない。ただ立ち止まって考えなおせばよいのだ。悩んでいるよりは、行動に移してしまうほうが、精神的にもずっと楽だ。

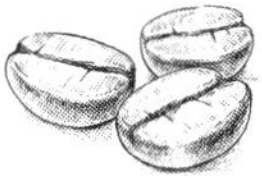

**問題に対処するには、複数の方法を考えてからひとつを選ぶとよい。そして失敗を恐れずに、すぐに実行するべきだ。**

# 13 オープンマインドになる

うまくいっている人が他の人と違うのは、行動の仕方だ。つまり、幸運をつかむということは、マスターすることのできるスキルであり姿勢なのだ。そのことを常に念頭に置いて、本書を読み進めてほしい。

成功する人は、物事が計画どおりに進まないときには、それに自分を合わせる。信念がないということではない。オープンな心で、解決策を積極的にためし、新しい可能性をさぐるのだ。これは、あなたには、それほど難しいことではないはず。コーヒー好きはオープンマインドで好奇心が強いのだから。

では、どうすればオープンマインドになれるのだろうか。まずは、何かがうまくいかないとき、たとえば、どうしても欲しい仕事や休暇が手に入らないときでも、あきらめないことだ。よく似た仕事や、かわりの休暇プランを見つければいいのだ。

成功している人が目標を達成できるのは、ノーという言葉を「この方法ではだめだから他の方法を探そう」という意味にしか受け取らないから。

あなたの最大の夢は何だろうか？　恐怖心のせいで自分が何をためらっているのか、そして夢を追わなかった場合に何を失うことになるのか、よく考えてみてほしい。あなたの未来の恋人、仕事、家は、あなたが第一歩を踏み出すのを待っている。

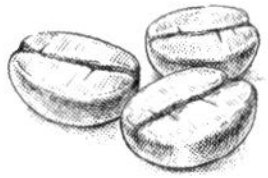

**うまくいかないときも、すぐにあきらめる必要はない。かわりの方法を見つけるべきだというメッセージだと受けとめよう。**

## Coffee Tips

# 美味しさの基本

コーヒーを最も美味しく楽しむ方法は、直前に豆を挽くこと。豆は、挽かずに密閉した容器で保存しておくと、新鮮さが長持ちする。

豆を挽くと、コーヒーの風味である芳香油が、豆から放出される。同時にコーヒーの新鮮さを失わせる最大の敵、酸素にもさらされることになる。

挽いたあとの豆も、密閉した容器に入れ、酸素に触れるのを防ぐ。密閉した容器が、コーヒーに他の匂いがうつるのを防いでくれる。コーヒーは他の匂いを拾いやすいのだ。さらに冷蔵庫か冷凍庫で保管して、酸化の速度を遅らせるとよい。

# 14 人生に求めるものを明確にする

うまくいかない人の最大の問題は、自分が人生に何を求めているかについて、はっきりとした考えがないことだ。決められないから行動できず、行動しないから望みをかなえることもできない。

自分が本当に求めるものを見つけるためには、ちょっとしたコツがある。

それは、あなたが望むことをひとつ選んで、いろいろと想像をめぐらせてみること。望むものを手に入れたとき、あなたはどのように感じ、どのように行動し、どのような顔をしているだろうか。できるだけ詳細に、リアルに感じられるまで、掘り下げていくのだ。

そうして、いくつかの望みについて、想像をめぐらせるうちに、あなたが本当に求めているものが、感じられてくる。

本当に求めるものを知ることで、目標を明確に定めることができる。そうしてはじめて、人生を自分でコントロールすることができるようになるのだ。

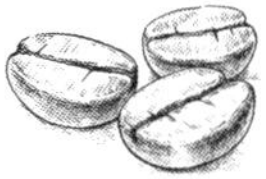

望みを実現したときに、あなたはどう感じるだろうか。
想像をリアルに掘り下げていくことで、本当の望みが見つかるだろう。

# 15 リラックスする

うまくいっている人のほとんどは、目標達成のためにハードに働いている。しかし、うまくいかない人の多くも、さぼっているわけではない。実際、ハードに働き努力しているのだ。成功する人はどこが違うのだろうか？

成功している人は、一生懸命働いていても必死さを感じさせずに、肩の力が抜けている。そのせいで、彼らの周りには、多くの人が集まる。なぜなら、不安や恐怖に屈しない人を見ると、だれでも本能的に気が楽になるからだ。

実は、この点ではコーヒー好きは有利だ。コーヒー愛好家は、集中力があり、しかもゆったりとリラックスする方法も知っている人が多いという調査結果もある。

弱音や愚痴を言いたくなったら、まずは深呼吸しよう。そして「今、私の悩みで他の人を重い気分にさせることが本当に必要だろうか？」と自分に問いかけてみるのだ。

やるべきことが多すぎるときは、弱音をはくのではなく、素直に同僚や家族に助けを求めればいい。もっと肩の力を抜いて働こう。そうすれば周りの人もあなたにならうだろう。

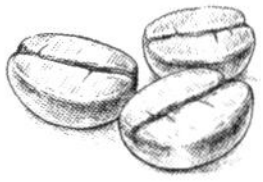

**肩の力を抜いて、不安や不満を感じさせない人になろう。周りに人が集まり、助けも得られるようになるだろう。**

# 16 休息をとる

人は、手っ取り早い解決策を求めるものだ。しかし、時機を待つことが必要な場合も少なくない。これはあきらめることではないし、なまけているのだと自分を責める必要もない。

いちど立ち止まってしまったならば、もう動き出すことはできないかもしれない。二度とチャンスはやってこないかもしれない――そう考えてはいないだろうか。もしそうなら、あなたは疲れきっているのではないだろうか。

今すぐ休息をとって、何か違うことをするべきだ。旅行する、友だちと会う、ショッピングに行く、小説を読む……なんでもかまわない。

「今すぐしなくてはいけない重要なことなどない」と自分に言い聞かせよう。ゆっくりやることだ。まずはコーヒーを飲んで、明日まで放っておけばいい。他の人があなたを急かそうとしても、気にせず待たせればいい。そして問題が自ずと解決するのを待つのだ。

そうすれば、気持ちが問題からはなれて、楽になる。それから、あらゆる角度から検討するのだ。気持ちに余裕ができれば、適切に判断することができ、しっかりした決定もできる。

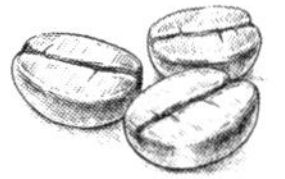

ときには立ち止まって、ゆっくり休むことが必要だ。判断力が高まるし、時間が解決してくれることもある。

# 17 おおらかにギブ&テイクする

良質のコーヒーは挽きすぎても、挽きが粗くてもだめだ。ほどよく中間でなくてはならない。人生においても、ギブとテイクのどちらかにかたよらず、両方を行う必要がある。

うまくいっている人は、気前のいい人であることが多い。何かを求めたり、期待しないで他の人を助けると、幸運をつかむチャンスが二倍になる。将来、見返りがあるかもしれないというだけでなく、あなた自身が誇らしい気持ちになれるからだ。自分を誇らしく思えると、楽観的になり、それが人生をよりスムーズなものにしてくれる。

以下の二つを、心掛けて実行するとよいだろう。

## 一日にひとつは人を喜ばせることをする

誰かを褒める、花をプレゼントする、友だちにコーヒーをおごる……。一緒に仕事をしている人の貢献を認めて、感謝の気持ちを伝えるのもいい。

## 他の人の愛情を受け入れる

他の人から何かを受けとるのは、弱みができることのように思えるかもしれない。しかし、他の人もあなたに与えたいという欲求がある。幸運を呼ぶためにも、進んで他人を受け入れるおおらかな姿勢が必要だ。

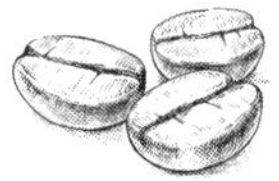

**積極的に人を喜ばせ、また人の好意も喜んで受け入れるべきだ。おおらかな姿勢が自己評価を高め、幸運を呼ぶきっかけとなる。**

コーヒーは地獄のように黒く、
死のように強く、
恋のように甘くなくてはならない

——トルコのことわざ

# 18 ポジティブに考える

明るい見通しがあれば、賢く一生懸命に、もう少しがんばろうという気持ちになる。だから自分がどれだけ幸福かということに注意を向ければ向けるほど、さらに幸運が手に入る可能性が高くなるのだ。

ポジティブに考えているとハッピーになる。そしてハッピーな人こそ、最もラッキーな人なのだ。

この心の持ち方はとても重要なので、第7章で詳しく取り上げる。今のところは次の二つのことに留意してほしい。

## 成功を信じる

お守りはなぜ効果があるのだろうか？　もちろん、お守りの中に幸運が入っているわけではない。お守りが幸運を呼ぶのは、人がそれを信じるからだ。

## 持っているものをありがたく思う

運のいい人は、自分がすでに持っているものに感謝している。あなたもこれまでに得たものをありがたく思い、人生のいいところに目を向けよう。

あなたが九十五歳になったと想像してほしい。ふりかえって、今のあなたの何をありがたいと思うだろうか？　もう一度取り戻したいと思うのは何だろう？　愛のある人間関係？　何かの能力？　それとも健康？

感謝と楽天的な姿勢は、幸運で幸せな人生の必要条件なのだ。

**現在の自分の幸運と幸福に目を向けよう。楽天的に考えることが幸福の必要条件だ。**

Coffee Break

## コーヒー占い②

中東の占い師たちが行うコーヒー占いを試してみよう。やり方は、以下のとおりだ。心配や不安、今の問題に集中しながら、コーヒーを飲む。飲み終えたら、カップを時計方向に三回まわす。そしてカップの中をのぞいてみよう。最初に見えるのは単なるコーヒーのすじだ。しかし心をオープンにして、もっとよく見てほしい。何が見えるだろうか？

手始めに、コーヒー占いの例を少しあげておく。あとは想像力を発揮してほしい。

矢……上向きなら「イエス」、横向きなら「たぶん」、下向きなら「ノー」。
虫……慎重に行動するようにという注意。
らくだ……心配や重荷に進路を妨げられている。
雲……新しいアイデア。
炎……情熱、または強い欲望。恋人たちにとってはいいサイン。

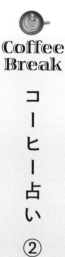

魚……あなたへの祝福。
花……幸福。
鍵……自分の夢を追うべし。
くちびる……愛とロマンス。
モンスター……ストレスをかかえている。
ネズミ……人に利用されている。
ネックレス……年配の親戚からの知らせ。
数字……あなたの将来にとって重要な数、または日にち。
指輪……結婚。こわれた指輪の場合は離婚。
道……先に旅行や冒険が待っている。
はさみ……不誠実な友だち。
蜘蛛……経済的な成功。
星……いい方向への変化。
船……前途に大きな変化が待っている。
木……あなたは強くて気高い人物。

# 19 チームの力を生かす

人生においては、うまく作用し合うものを見つけて混ぜ合わせる、つまりブレンドすることが必要だ。それによって相乗効果が生まれる。

優れたオーケストラや、優秀な野球のチームを見ると、相乗効果を感じることができる。個々が溶け合い、単独の場合より素晴らしいものを作り出している。

相乗効果はいつでも起こるわけではない。それには二人以上のチームが必要だ。他の人を加えると、一人のときには考えつかなかった新しいアイデアが生まれる。そしてひとつのアイデアから別のアイデアへと次々につながっていく。それが人生においての相乗効果だ。

解決できそうにないと思っていたことが、友だちとコーヒーを飲みながら話しているときに、とつぜん解決できたことはないだろうか？　それは話すことで、問題が明確になり、友だちの意見という新しい知恵を得たことで、急に新しい見方ができるようになったからだ。

相乗効果を生み出すには、精神的に大人でなくてはならない。すすんで自分の考えを伝え、他人の意見をよく聞き、全員がハッピーになれる方法を見つけようとする姿勢が必要だ。

もう一度オーケストラのことを考えてほしい。すべての楽器が同時に演奏されるが、競い合ってはいない。ひとつひとつの楽器はそれぞれ違う音を出しているのに、それらは溶け合い素晴らしいものを生み出している。

今度はコーヒーのことを考えてみよう。ひとつひとつの材料にはそれぞれの持ち味があるが、それらをブレンドし正しく挽くことにより、美味しいコーヒーができる。

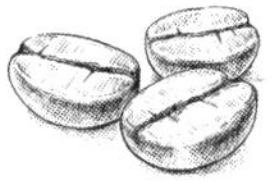

**精神的に大人になり、自分の考えと、他人の意見をブレンドすることで新しい知恵や解決策が見つかるようになる。**

# 20 ウィン・ウィンを実現する

競争や出世にあけくれるのが人生ではない。しかし多くの人が、まるでそうであるかのように行動している。成功のパイは、誰かに大きな一切れを取られたら、自分たちには少ししか残らない——これはウィン・ルーズ（win-lose）の考え方だ。

ルーズ・ウィン（lose-win）の落とし穴にはまる人もいる。まるでドアマットのように「何でもあなたの好きなようにしてください。私であなたの足を拭いてください。他の人もそうしています」と考えるのだ。踏みつけにされるのは簡単だ。多くを望まず妥協するのも、本当の感情をかくすのも楽なのだ。しかし、これでは、誰からも大切に扱われなくなり、とても幸福や満足を得られる状態ではなくなってしまう。

ルーズ・ルーズ（lose-lose）とは、「私が落ちたら、あなたも一緒に落ちるのよ」というものだ。戦争がこの代表だ。多くを殺したほうが勝つ——これが勝利なのだろうか？

ウィン・ウィン（win-win）は豊かさだ。全員が勝つことを信条とする。これは豊かさなのだ。だれが一番大きなパイを取るかではなく、全員に行き渡るだけの食べ物があるのだ。

簡単なように聞こえるが、実際の生活ではそう簡単なことではない。実現するためのファーストステップは、自尊心を高めることだ。自分が何を信じ、何に賛成しているか不確かであれば、ウィン・ウィンの姿勢を持つことは難しい。

次のステップは、競争や比較をやめること。自分を他人と比較することは、確実にあなたの幸福に傷をつける。他人との比較が幸福度をかなり下げることは調査でも証明されている。比較してよいのは、自分と自分の持つ可能性だけである。

他の人が成功するのを一生懸命に助け、お互いを認め合いながら、同時に自分自身の要求も大切にすれば、幸福感が増し、さらにあなたの周りに人が集まってくる。全員にケーキが行き渡ったら、どんなに気持ちがいいだろうか。自分ひとりでケーキを食べて、他の人には一切れもあげなければ、どんなにみじめな誕生日になるだろうか。

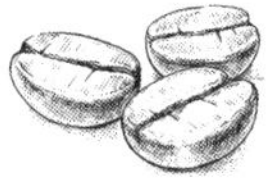

**自尊心を高め、他人との比較をやめることが**
**ウィン・ウィンを実現するための第一歩だ。**

# 21 変えられないなら考えない

ここまでは、適切な行動をとることで問題解決することを考えてきた。実際に、何かできるなら、それをするべきだ。けれども、何もできないときもある。たとえば以下のことは、あなたにはどうにもできない。

・過去に行ったこと
・将来起こるかもしれないこと
・他の人が行ったり考えたりしていること
・天災や事故

過去を悩んでいるなら、それはエネルギーの浪費だ。誰もが失敗する。でもそれは終わったことだ。もう考えるのをやめ前に進むべきなのだ。同じように、将来について心配することも時間の無駄だ。作家のマーク・トウェインは、こう書いている。

「私の人生はひどい不運の連続だったが、そのほとんどは実際に起こったものではない」

天災は、毎日起きるわけではないし、いざ起こったときには、力を合わせ、なんとか対処していくのだ。むやみに心配しても、準備ができるわけではない。

「人生はマッシュルームに詰め物をするには短すぎる」という言葉がある。どうにもできないことに注意を払う時間はないということだ。打つ手がなければ、もう考えないようにしよう。

心配するなら上手に心配すること。つまり自分が何かできることについて心配し、その対策を実行するのだ。行動を起こすことは、不安を軽くするのに役立つ。

どうにもできないことは考えないようにし、毎日を精一杯に生き、自分の持っているものを楽しむことが、幸福の秘訣。上手に心配する方法を知っている人が幸せなのだ。

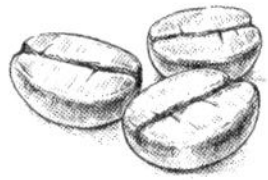

**どうやってもコントロールできないことがある。**
**必要な対策をしたら、あとは考えないようにすることだ。**

旅の途中、彼はコーヒーの木のそばを通りかかり、栄養をとった。
その実は宗教的な習慣から、今まで口にしたことのないものだった。
彼はそれを食べたことで頭がすっきりし、眠気が覚め、
勤めを行うのに適した状態になったことに気づいた。

――ナジュム・アルディン・アルガージ

# 第 4 章
# 上質の豆と新鮮な水を使う

個性的で上質なコーヒー豆と新鮮な水。
最高のコーヒーには、よい材料が必要だ。

# 22 自分を信じる

赤ちゃんの目には喜びやうれしさが表れている。あなたも昔はそうだったはずだ。人生に満足し、信頼と愛にあふれ、自分自身の力を信じていた。そして素直に感情表現していた。悲しいときには泣き、うれしいときや興奮したときには笑ったのだ。あなたは自分自身を愛していた。目に映るものを愛し、世話をしてくれる人を愛した。あなたはプライドを持ち、自分自身を信じてこの世に生まれてきたのだ。

自分を信じていると、いい気分でいられる。人生をコントロールしているという感覚があり、チャレンジを楽しむことができる。満ち足りていて、何でもできるような気持ちで、物事を実現させる。これほど素晴らしいことが、他にあるだろうか?

しかし、世の中を知るようになると、自分に対する疑いを持ちはじめる。もはや自分のことをそんなに特別な存在だとは思わなくなる。人生における問題がスタートするのはこのときなのだ。

この章は、ゆるぎない自己を築くために、あなたの独自性や能力に焦点をあてていく。強い自我が、自尊心や自信を築き、そして目的や方向性へとつながっていくのだ。あなたは、自分で決定するようになるだろう。必要なときにはノーと言い、自分を表現し、楽しむようになる。人生を自分でコントロールする人間になるのだ。

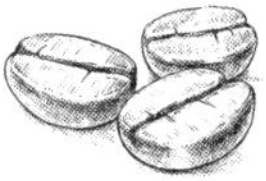

**生まれながら持っていた自信と喜び、信頼感を取り戻そう。**
**それが、人生に方向性を与えてくれるはずだ。**

Coffee Tips

# 新鮮な水を使う

コーヒーには、新鮮で美味しい水を使おう。くみ置きの水や湯ざまし、湯沸かし器のお湯などは使わないことだ。コーヒーの九十八パーセントが水。当然、まずい水を使えば、まずいコーヒーになる。

水道水の場合は、少し出しっぱなしにしてから、やかんに入れる。水道水の味がいまひとつなら、市販のミネラルウォーターを試したり、浄水器を使ったりしてみよう。

また、コーヒー器具もきれいにしておこう。コーヒーには油が含まれている。残った油分を取り除いておかないと、その後コーヒーが、不快な苦味のあるものになる。

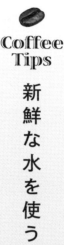

# 23 高い自己イメージを持つ

自己イメージは、コーヒーのために選ぶ水と同じく、一定の質が必要だ。自己イメージが低いと、望むような人やチャンスを引きよせることが難しくなる。自己イメージは人生において最も重要なものだ。しかし、水のようにあまり意識されていない。

自己イメージは、自動操縦装置が飛行機を導くように、気がつかないうちに、あなたを導いている。自己イメージが低いと、人生も下向きのコースを着々と進むことになる。では、どうすれば、人生のコースを空に向かわせることができるだろうか。

まず意識できる部分からはじめよう。自分を敗北者のように感じはじめたら、それをはっきりと意識し、ネガティブな思いこみを、もっとポジティブな自己イメージに置きかえよう。たとえば「また、ばかなことをしてしまった」と思うたびに、それを「わたしはそれほど頭が悪いわけではない」と否定するのだ。

不安に感じたり、どうしていいか分からないときがあったりしても、自分を責めてはいけない。パーフェクトな人など、どこにもいない。誰でも自信が揺らぐときはある。ベストを尽くせばいいのだ。他の人が満足しなかったとしても、それは彼らの問題であってあなたの問題ではない。

不安を感じたときに心を落ち着かせるテクニックのひとつに、頭の中でテープを再生しているかのように、今自分がしていることをそのまま自分に言い続けるという方法がある。

たとえばパーティ会場で居心地の悪さを感じたならば「わたしは今フロアを歩いている」「わたしは人を眺めている」「今誰かが話しているのを聞いている」と自分に語りかけるのだ。これは、不安や緊張について考えるのをやめさせる効果がある。

少量のアドレナリンは思考を鋭くさせる。不安や緊張を気にしすぎることはない。

**自己イメージは、あなたを導く自動操縦装置だ。**
**高い自己イメージを持つように自分をコントロールしよう。**

# 24 成功をイメージする

　では最後に、潜在意識のレベルで自己イメージを変えることに取り組んでみよう。最も効果的な方法は「ビジュアライゼーション」と呼ばれるテクニックだ。

　まずは、自分が成功しているところをイメージする。最初は心の中で思い描くだけでいい。とにかく、自分が何かを成し遂げることができると信じるのだ。そして次に、外に出てそれを実行に移す。

　これは単なる空想や希望的観測ではない。あなたを、あなたがなりたい人間になる方向へと動かす強力なテクニックだ。

　何らかの変化が起きるまで数週間はかかるかもしれないが、続けてほしい。ポイントは、自分自身にたいするネガティブな考えを、何度でもポジティブなものに置き換えること。繰り返すことが重要なのだ。潜在意識にデータを送り続けていると、ついにはそれが、あなたの基礎をなす真実となる。

新しい自己イメージが育っていくにつれ、あなたは自信を身につけ、能力アップしていく。さらに、どんなことが起こっても自分はぐらつかないという感覚が、培われていくのを感じる。

他の人も、あなたが自分の中に見たものを、あなたの中に見るようになり、今までとは違った反応を示すようになる。あなたは、気分、考え方、そして外見までがよくなるだろう。

**成功をイメージし、実行してみる。それを繰り返すことで、より自信と能力を身につけた新しい自分になることができる。**

# 25 人との違いを楽しむ

コーヒー愛好家は、お気にいりの豆のユニークな風味を愛する。同じように、あなたもまたユニークな存在であることを忘れてはいけない。

受胎の瞬間のことを考えてみてほしい。あなたはまるで宝くじに当たったようなものだ。何百万もの精子の中からたったひとつが、あなたの母親の卵子を受精させた。そうして生まれたユニークな存在、それがあなただ。もし卵子が違う精子と結びついていたら、あなたという人間が存在することはなかった。

この地球上に、あなたとまったく同じ人間は今まで一人もいなかったし、これからも絶対に現れない。そのことを考えると、自分が特別な存在、独自な存在だと感じられないだろうか？

自分の独自性を楽しむのだ。周りに合わせなければいけないと感じたときには、しばらく立ち止まって、自分がいかに特別な存在であるかを考えよう。

人との違いを受け入れ、楽しむのだ。コーヒーの豆と同じように、他との違いこそが、あなたをユニークでかけがえのない人間にするのだ。

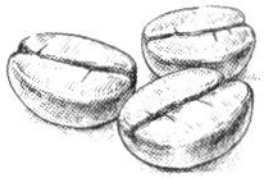

**あなたの個性こそが、あなたを特別な存在にする源泉だ。**
**人との違いを受け入れて、それを楽しもう。**

わたしは自分の人生をコーヒースプーンで測りつくした

——T．S．エリオット『J・アルフレッド・プルーフロックの恋歌』

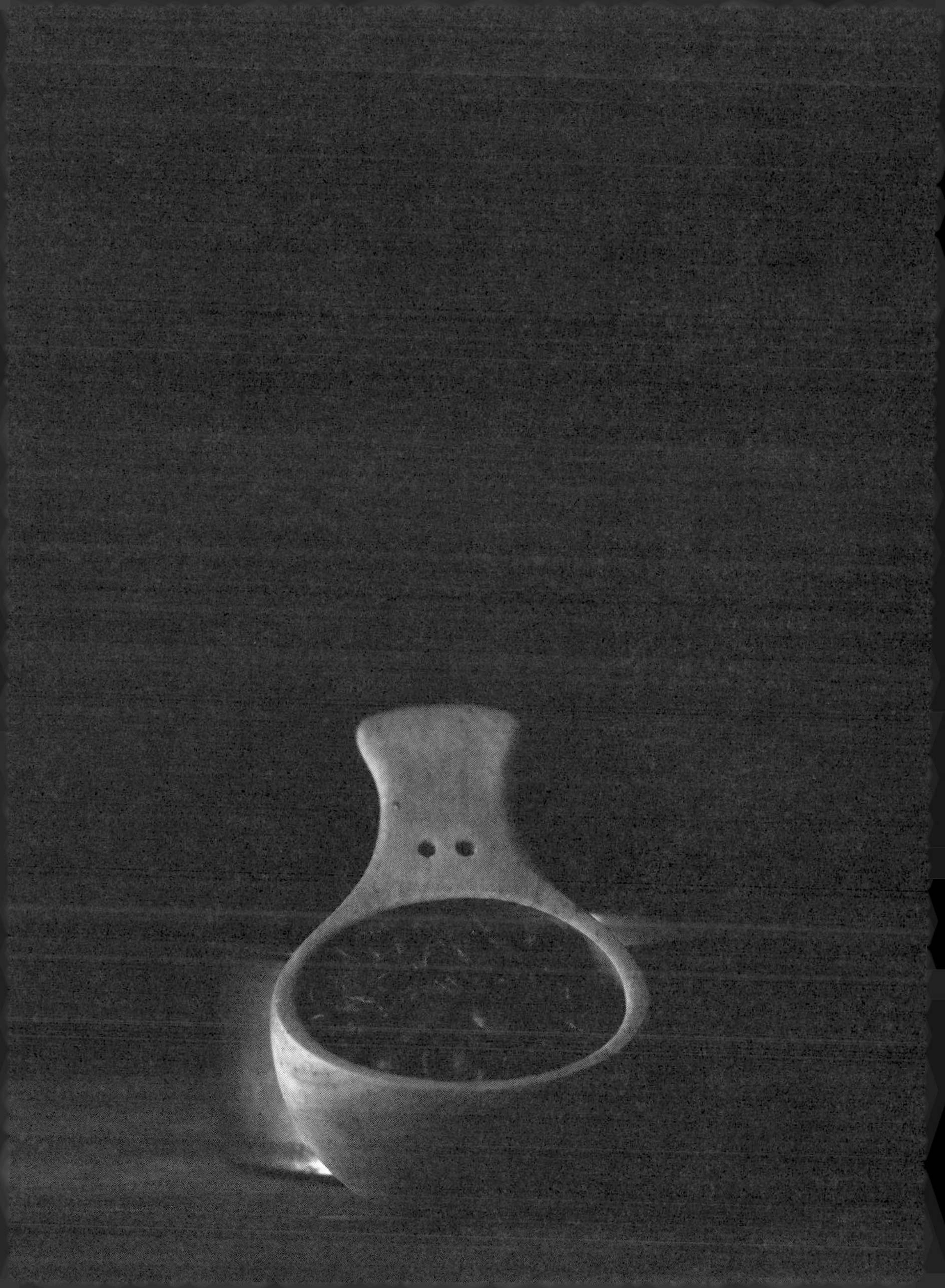

Coffee Break

# コーヒーの個性

気候、土壌、緯度などの条件によって、さまざまなコーヒーが存在する。ワインと同じように、コーヒー豆にもさまざまな種類がある。それぞれの個性を簡単にご紹介しよう。

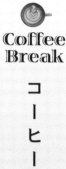

アフリカ産……香り高く、ほどよい酸味の冴えた味わい。舌先を刺激する風味がある。

中南米産……ほのかなナッツの味。まろやかで品のよい味わい。

インドネシア産……タバコやスパイスのような印象的な香りとまろやかでこくのあるエキゾチックな味。ミルクを入れても負けない豊かな風味。

アラビカ種……エチオピアを原産とする質の高いコーヒー。

ロブスタ種……コンゴが原産。ブレンドや、インスタントコーヒーに用いられる。


豆はかたいほうが質のいい傾向があり、育った土地の高度が高ければ高いほど、かたくなる。プロはどの豆がかたいかを見分けることができるが、一般の消費者は、店の人に聞き、味で覚えていくのが賢明だろう。

コーヒーの強さを決めるのはロースト（焙煎）だ。コーヒー粉の量を増やしても、ただ濃くなるだけで強いコーヒーにはならない。ローストの度合いは一般に、浅いものから順に次の八段階に分けられる。

1 ライト・ロースト
2 シナモン・ロースト
3 ミディアム・ロースト
4 ハイ・ロースト
5 シティ・ロースト
6 フルシティ・ロースト
7 フレンチ・ロースト
8 イタリアン・ロースト

# 26 自分が求めるものを知る

ユニークな個性を発揮するには、まず自分が何を求めているかを知る必要がある。あなたの胸をわくわくさせるものは何だろうか？

コーヒーを飲みながら、インスピレーションを待ってみよう。自分自身の深い感情を作品にこめるアーティストになるのだ。自分の感情、考え、喜び、悲しみを表現することは、人生を輝かせる素晴らしい方法だ。

あなたは何に心が高まるだろうか？　素晴らしいコーヒーは、新鮮で純粋な水とトップクオリティの豆が出発点。あなたにもまず最初に、はっきりとした方向性が必要だ。どこへ行きたいのか分からないということもあるだろう。そうしたときには、次の質問が、あなたの創造性やより深いところにある思いを探るのに役に立つ。

・今から百年後、あなたの子孫が家系図の作成に取り組んでいると想像してみよう。彼らは何を知るだろうか？

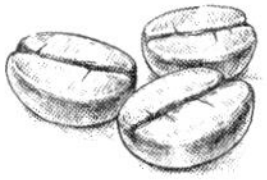

・外界と接触のない孤島で六ヶ月間過ごすとする。一緒に過ごす人を五人選べるとしたら、誰を選ぶだろうか？
・一年間に一日だけ、本当に好きなことをして過ごせるとしたら、何をするだろうか？
・海外旅行中のあなたが行方不明になり、新聞社が、家族や友だち、同僚に、コメントを求めたならば、あなたは彼らにどんなことを言ってもらいたいだろうか？
・あなたを象徴するものはなんだろうか？　なぜそれがあなたを象徴するのだろうか？

この質問の答えを考えることは、人生で大切なこと、何をしなくてはならないか、そして何をしなくてもいいかを見出す助けとなる。
コーヒー豆を煎ることとで、コーヒーには命が吹き込まれる。あなたに命を吹き込むものは何だろうか？　それが分かれば、あなたの歩みの一歩一歩が正しい方向に向かっているかを、確認できるようになる。

**あなたの本当の望みを知ることに集中しよう。**
**それは、あなたの人生に明確な方向性を与えてくれるだろう。**

Coffee Tips

# ロースト

コーヒーの味と香りを引き出すのはロースト（焙煎）だ。適切なローストは、豆に命を吹き込む。しかしローストが悪いと、質のいい豆までだめにしてしまう。ローストが短く軽いと、こくも香りもないものになり、長すぎると酸味のうすい、焦げたような味になる。

ローストの基本的方法は次のようなものだ。

まず豆を、焙煎器か鉄鍋に入れて加熱し、均等に色づくように動かし続ける。するとポップコーンのように、パチパチと豆のはぜる音が聞こえ出す。豆は、あなたに向かってニコリと笑うように少しだけ開く。煙が出はじめると音はいったんおさまり、それからまた二回目のパチパチがはじまり、煎りたてのコーヒー豆の素晴らしい芳香が空気を満たす。

豆がローストによってにじみ出た油で、つややかな光沢をおびるのは、深くローストされた場合だけだ。豆の重さの二十パーセントがローストによって失われる。

# 27 自分でゴールを決める

この世で、あなたと同じ人生を歩む人はいない。あなたには、自分にとってベストの道のりやゴールを選ぶ自由がある。それでは、どうやって選べばいいのだろうか。その方法のひとつは、先のプランをたてることだ。

では今から将来のことを考えてみよう。数分目を閉じて、自分が鏡に映っていると想像する。鏡に映った姿は最初はぼんやり曇っているが、しだいにはっきりと見えはじめる。それは今のあなたではなく、十年後のあなただ。あなたはどんな様子だろうか。この十年間で、あなたは何をしたのだろう。あなたはどのように感じただろうか。

将来のあなたについて数分間考えたなら、現在に戻ってくる。自分自身に触れることはできただろうか。あなたにとって重要なことは何か、あなたが達成したいことは何かについて、感触を得ることはできただろうか。

これが先を見るということだ。そしてそれは、夢を実現させるためにとても効果的な方法なのだ。

将来のことを考えるのは、あまり好きではないという人もいるだろう。あなたは今の流れに乗っていくタイプだろうか。今を生きるのは素晴らしいことだ。しかし、他人がセットした流れに乗っていては、あなたは坂を下ることになる。人の群れが行き先を知って動いているとは考えないことだ。彼らはおそらく知らない。今、あなたの人生をリードするべき唯一の人間は、あなたなのだ。

いつでも自分自身であるように努めよう。人と交流するときも、人から距離をおいているときも、一人でコーヒーを楽しんでいるときも、どんな状況であろうと、ともかく自分自身でいるのだ。あなたのユニークさを大切にし、あなたにとって正しい方向へ進もう。

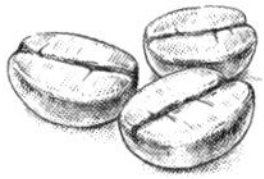

**自分自身で人生をリードするために、**
**ときには深く将来を見通すことが必要だ。**

# 28 直感を信じる

多くの芸術家、作家や画家、そして発明家が、直感にたより、世の中を驚かせる素晴らしい作品を生み出してきた。直感的にそのことを感じる――このおなじみの感覚は、うまく使えば、あなたの運をよくすることができる。

ここでは、おなじみの偉大な発明家、トーマス・エジソンのやり方を取り入れてみよう。

エジソンは、まずは問題をあらゆる角度から考えた。そして、一度考えたら、そのことを忘れるようにしていた。すると遅かれ早かれ直感がひらめき、解答が得られたのだ。エジソンは、彼の偉大な発明のいくつかは、彼自身が考えたものでなく、どこか外部からやってきたアイデアだと考えていたほどだ。

問題に悪戦苦闘しているときにはこの方法を試してみよう。まず、できるかぎりの情報を集める。次に、考えられるすべての角度から徹底的に考察する。最高の解決法を見つけることに真剣に取り組み、何度も何度も熟考する。そして忘れる。それについて考えることを完全にやめるのだ。

直感力のスイッチは、入れたり切ったりすることができない。得ようとして得られるものではないのだ。しかし、分かっていることがひとつある。それは、直感がおとずれやすいのは、心がリラックスしているときだということ。歩くこと、夜よく眠ること、家族との楽しい時間、そしてコーヒーを飲むくつろぎの時間。そうした時間が、新しい人生を切り開くのに必要なものなのだ。

無理に考えて、理性にすべての答えを出させようとせず、がまん強く、ゆっくりと注意深く直感を使うようにしよう。あなたの人生がいい方向に変わっていくだろう。

**問題は一度考え抜いたら、忘れてしまおう。**
**そうすれば直感がいつか解決策を教えてくれる。**

# 29 直感のひらめきを待つ

コーヒーの湯気が立つのを眺め、泡立つ様子を楽しむ。そしてコーヒーで、心配や不安を溶かしてしまおう。コーヒーを飲み終えても、そのリラックスした感じを保つようにする。そうすると、思ってもいないときに、直感のひらめきが訪れる。

コーヒーを持って窓のそばに座り、空やゆっくり動いている雲を眺めよう。そして、行き当たりばったりに浮かんでくる考えをそのまま受け入れよう。判断したりせず、ただ考えを眺める。そして、窓の外から聞こえるさまざまな音が、心地よいバックグラウンドミュージックを提供してくれている間、直感をおもむくままに活動させるのだ。

直感のメッセージを最も受け取りやすいのは、静かで穏やかな時間だ。こうした時間には、論理的な考えは締め出されている。コーヒーを飲んでくつろぐときや眠っているときに、こうした状態が生まれる。

直感的に何かを知る場合、それは静かな形で訪れる。心に浮かんだ思いに、恥ずかしさや心配、批判の色がついているなら、それは意識的な思考から生まれた可能性が高い。直感はより温かく、優しく、親切で無批判なものだ。頭の中の声が、お前は負け犬だ、お前はいつもあきらめてばかりだ、お前はすべきことをできない、と言っているなら、それはおそらく直感ではない。

直感がどのように語りかけてくるか、はっきりしないなら、筆記用具を持ち歩き、直感かもしれないと思う考えが浮かんだら書き留めるようにしよう。

重大なことでなくていい。歩いているときやコーヒーを飲んでいるとき、料理をしているときなどに突然浮かんだシンプルな考えを書いておこう。一日の終わりに書いたものを見直し、何らかのパターンがあるか考えてみると何か発見があるだろう。

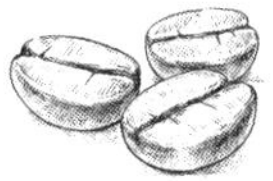

**リラックスして直感のメッセージに静かに耳をすまそう。**
**それは穏やかにあなたに語りかけてくるものだ。**

Coffee Break

# カプチーノ

最高のエスプレッソに、スチームしたミルクと、ふんわりとしたミルクの泡を入れ、チョコレートをふりかけた湯気の上がるカプチーノほど心が浮き立つものがあるだろうか。

美味しいカプチーノをつくるには、ミルクを注ぐときに、カップが温かくなくてはならない。そうしないと泡がしぼんでしまう。エスプレッソマシーンの上にカップを下向きにして置いてあるのはこのためだ。

ちなみに、この飲み物がカプチーノと呼ばれるようになったのは、コーヒーにミルクの泡を浮かべた様子が、カプチン会の僧侶のかぶる法衣の頭巾に似ているからだ。

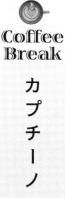

# 30 成り行きに任せる

人生には成り行きに任せるしかないこともある。どんなに努力しても、百パーセント完璧なコーヒーになることはないように。

すべてがパーフェクトで、予想通りのことしか起きないとすれば、この世は退屈な場所となるだろう。私たちは皆、コントロールできない状況に左右されている。人生には常に理解できないことや説明のつかないことが起こる。すべてを知るということは決してないのだ。ならば、この世界は実際、とても不思議な場所であると考えればいい。

偶然の出会い、命を救う奇跡、突然出てきた紛失物、的中した予感――こういった見えざる力が働いたとしか思えない、予期せぬできごとがなければ、人生は生彩を欠いたものになってしまうだろう。

すべてが思った通りに進むと期待してはいけない。いいことが起こるときもあれば、悪いことが起こるときもあるが、私たちにはそれがなぜだかは分からない。適切に反応し、状況を自分に有利なように変え、もう一度挑戦し、奇跡が起こるのを信じるしかないのだ。

あなたは奇跡が起こることの生き証人だ。あなたと同じ人は今までにいないし、これからもいない。あなたはすでに特別でユニークな存在なのだ。何をしているのか、何を持っているのかで他の人をうらやましいと思うのはやめよう。そうではなく、あなたのしていること、あなたの持っているもの、あなたにできることを喜ぶのだ。あなたのユニークさに乾杯。

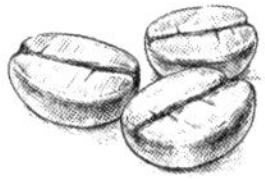

**人生は予想しきれない不思議なできごとの連続だ。その奇跡を楽しみ、喜びとしよう。**

コーヒーポットは私たちに平和を与えてくれる
コーヒーポットは私たちの子どもを成長させ
私たちの富をふくらませてくれる
私たちを害悪からお守りください
雨と草をお与えください

——ギャリ／オロモ族の祈りの言葉

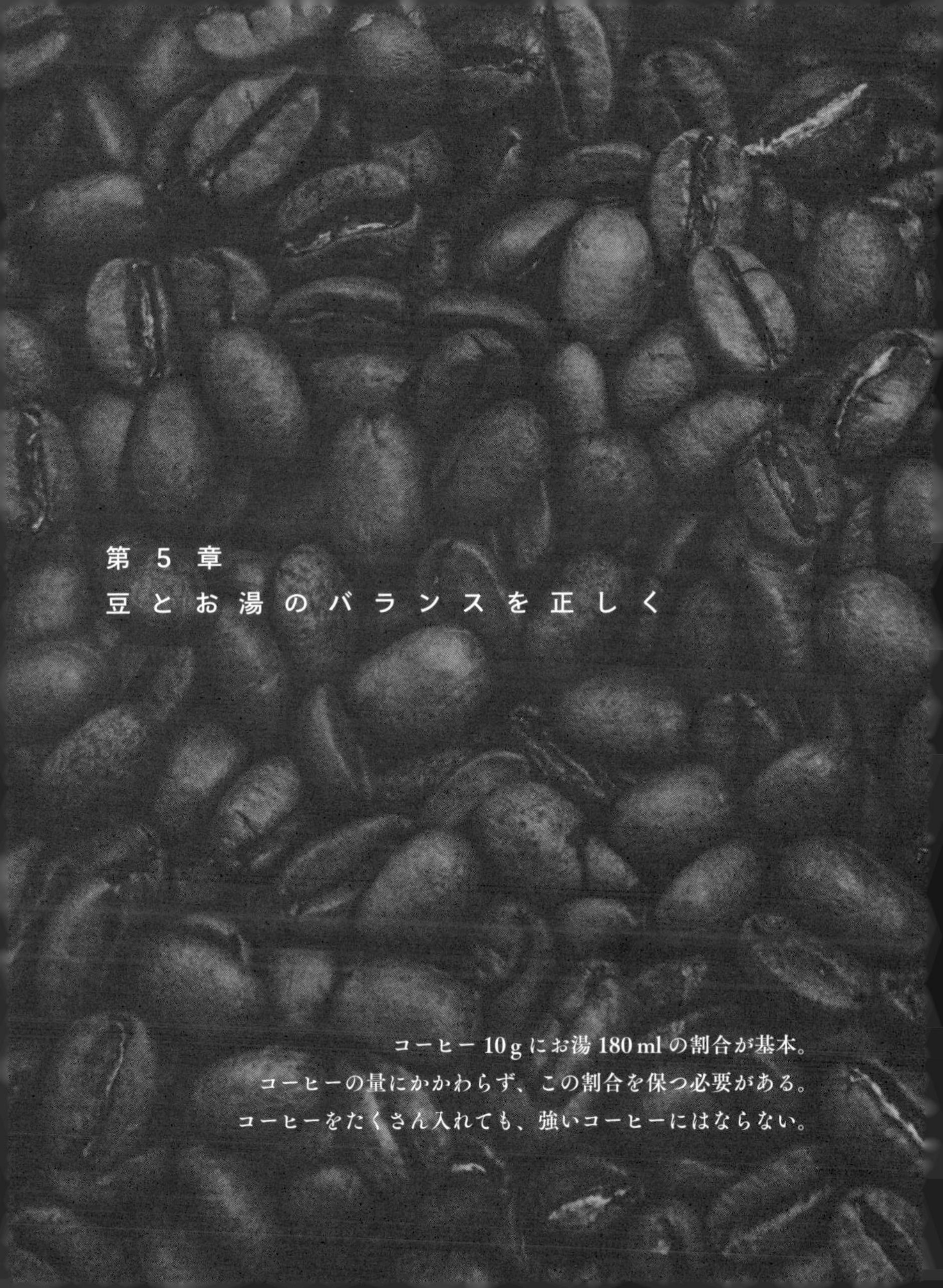

# 第 5 章
# 豆とお湯のバランスを正しく

コーヒー 10 g にお湯 180 ml の割合が基本。
コーヒーの量にかかわらず、この割合を保つ必要がある。
コーヒーをたくさん入れても、強いコーヒーにはならない。

# 31 困難を受け入れる

コーヒーは、コーヒー豆と水のバランスが重要だ。人生においても同じことが言える。刺激ある充実した人生をおくるには、バランスのとれたものの見方が必要だ。

人生は楽なときばかりではない。けれども、困難を受け入れることができれば、人生はもっと楽なものになりはじめる。なぜなら、人生は楽ではないという事実が、もはや重要ではなくなるからだ。

私たちは心の奥で、人生は楽であるべきだと思いこんでいて、問題があると愚痴をこぼす。今日あなたの心の小さな声は何回不平をこぼしただろうか。

「なぜ私なの？　なぜ今なの？　なぜこれなの？　誰が決めたの？」

まるで人生には問題があってはいけないと言わんばかりだ。しかし問題のない人生なんて水っぽいコーヒーのように味気ないものだということを忘れないでほしい。

問題に出会いそれを解決していく中にこそ、人生の意味がある。問題に立ち向かうことで、私たちは、精神的、感情的、知的に成長する。困難を恐れるよりは、歓迎するほうが賢明だと言ってもよいだろう。しかし、私たちは、できる限りのことをして苦しみを避けようとする。しりごみし、言い訳し、問題を無視し、勝手に消えてくれることを願う。あるいは何かにおぼれることで苦しみを紛らわす。このようにして、何とかして問題を避けようとしているのだ。

しかし問題を避けるための作戦は、避けようとしている問題以上の苦しみを引き起こす。苦しみに向き合わなければ、私たちの人間的な成長は止まり、不満をかかえたまま立ち往生することになる。そして、気力が萎えはじめるのだ。

問題や心配、苦しみが人生の一部であることは、逃れようのない事実だ。それが味わいを加えるからこそ、退屈で精彩のない人生が、豊かで有意義なものとなる。問題に向き合い、対処し、前進する、これが穏やかで豊かな人生をおくる唯一の方法なのだ。

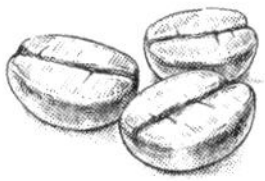

**心配や困難が人生に彩りを与えている。**
**困難を受け入れることで、人生は味わい深いものとなる。**

# 32 現実的に考える

バランス感覚を育てるには、ネガティブな考えが浮かぶたび、それに対抗することが大切だ。自分には価値がない、自分にはできないと考えると、自分が価値のある人間、対処できる人間だとは感じられなくなる。一度ネガティブに考えたことが、習慣化して、定着してしまうのだ。

こうした役に立たない思考のパターンは「思考エラー」と呼ばれる。代表的な思考エラーには次のようなものがある。

・一度のミスを致命的だと思うオール・オア・ナッシングの考え方。
・状況のネガティブな面だけを見る。
・すべてを自分のせいにして自分を責める。
・正しいものの見方ができなくなり誇大に解釈する。

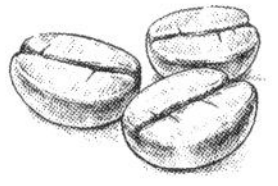

長い間このような思考エラーにひたっていると、他の考え方があることにも気づかなくなる可能性がある。

だからネガティブな思考はもっと現実的な考え方に置き換える必要がある。現実的な考え方とは、ネガティブな面を考えに入れるが、同時に他の可能性についても考慮することだ。たとえば、「自分は何ひとつうまくできない」という考えは、「自分にはうまくできないものがあるが、うまくできるものもある」という考えに置き換えることができる。

ネガティブな考えが浮かんでも、それを事実として扱ってはいけない。その考えに疑問を持つべきだ。

ネガティブな思考に気づいたときには「私はいま現実的に考えているだろうか？」と自問するといい。自分が考えていることをすべて信じてはいけない。自分自身のネガティブな思考に挑戦しはじめると、信じられないほど、心が自由になる。

**ネガティブな思考は、そのたびに現実的な思考に置き換える必要がある。そうしないと、役に立たない思考パターンとして習慣化してしまう。**

Coffee Break

# コーヒーの専門用語

シングル……エスプレッソ1ショット（約30ml）

ダブル……エスプレッソ2ショット

スキニー……低脂肪または無脂肪ミルクを使用する

ショート……小カップ

トール……中カップ

グランデ……大カップ

ヴェンティ……一番大きなサイズのカップ

ドライ……ミルクの泡が多めのカプチーノ

ウエット……泡が少なめで、ミルクの量が多めのカプチーノ

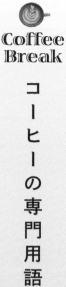

# 33 自分自身の親友になる

バランス感覚と正しいものの見方を保つには、定期的に休息をとり、自分自身に優しくしなくてはならない。親切はまず自分から、なのだ。

では練習をはじめよう。まずはコーヒーを飲みに出かける。そして、自分自身の親友になったつもりで、コーヒーを飲みながら自分とおしゃべりしてみよう。元気づけたり慰めたりするためにどのようなことを言えばよいだろうか？　どのようにして、もっと自信を持つよう励ますとよいだろう？　友だちになら何と言うだろうか？

「あなたはよくやっている、大変な状況なのに、本当にしっかり対応していてすごい」

そう言ってあげるのではないだろうか？

気分が落ちこんだら、自分自身の親友になってみよう。それにより、自分にたいする感じ方がどれほどよくなるか実感してみてほしい。

あなたは自分をどんな人間だと考えているだろうか？　私たちのほとんどは自分自身にとても批判的だ。しかし、ネガティブな考えの大半は、現実には何の根拠もない思いこみである。そうした思いこみを変えれば、すぐに自分の能力に自信を持てるようになるだろう。

「わたしはバカだ」と言うかわりに、「ときにはバカなことをしでかすが、誰だってそうだ。本当にバカだというわけではない」と自分に言うのだ。

どんなに小さなことでもいいので、自分のことを褒めるようにしてみよう。あなたの眉毛を、ほほえみを、話し方を褒めるのだ。自分の何かを褒めはじめると、自分にはもっと他にも褒めることのできるポジティブな資質があることに気づく。自分を褒め、自分をもっと大切に扱いはじめると、自己イメージが改善され、それにより幸福のチャンスも高まるのだ。

**たいていの人は自分に対して、あまりに批判的だ。**
**大切な友だちに接するように自分に話しかけよう。**

# 34 ネガティブ思考に対処する

## 誇張

ちょっとしたつまずきを大失敗のように考えたり、小さなミスなのに「何もかも台なしにしてしまった」と言ってはいないだろうか？　状況を誇張せず、あるがままに見る習慣をつけてほしい。それだけで自分がうまくやっていると感じられるようになる。

## また失敗してしまった

失望したり落ちこんだりしても、それは新たな知識を与えてくれる一時的なつまずきと考えよう。投げ出さず、もう一度やってみようという気持ちになれるだろう。

## オール・オア・ナッシング

最高の結果が出せないのなら、やる意味がないと考えてはいないだろうか？　しかし、新しいスキルを学ぶことには多くの利点がある。どんどん上達することに、将来大きな満足を得ることもできるのだ。

**すべて私のせい**

不運なできごとなのに、自分のせいだ、自分に力が足りないからだ、と考えないこと。すべてをひとりで管理するなど不可能だ。「これはうまくいかなかった。こんなことが起こるなんて、知りようがなかったんだ」と自分を励ます考え方に切り替えよう。

**悲観的な予測**

将来、何があるかは誰にも分からない。いい結果が出るかもしれないし、悪い結果が出るかもしれない。最悪の予測をする傾向があるなら、それが正しい理由、正しくない理由を考えてみるといい。自分はたいした人間にはなれないと思っているなら、「どうしてそんなことが分かるんだ?」と繰り返し自分に問いかけてほしい。

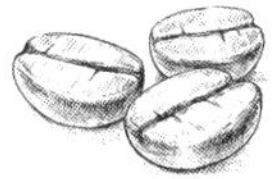

**誰もがときには不安や無力感を感じるものだ。**
**建設的に考えることで、ネガティブ思考には対処できる。**

カフェとは、
人の気を狂わせかねない場所であることを、
表現しようと努めた

――ヴィンセント・ヴァン・ゴッホ

# 35 ネガティブな感情を受け入れる

自分が何を感じているのか分からない、自分の気持ちが分からない、自分を抑えることができない——こうした気持ちになったことはないだろうか。

そもそも感情というものの本質が非論理的なものだ。なぜだか分からないけれど、ただ悲しいというときが私たちにはある。それを否定するのではなく、ただ悲しいと感じることを自分に許していい。それは悪いことでも、恥ずかしいことでもない。

怒り、不安、悲しみといったネガティブな感情ですら、それは感じるためにある。そうした感情が感じられないと、それらは大きなストレスを引き起こす。感情は、あなたの内なる知恵からのメッセージなのだ。無視すれば、それは身体的または感情的緊張としてあらわれる。

感情は、何が大切で、何がそうでないかを明らかにする方法だ。扱いにくい感情は、私たちの人生に何らかの変化が必要なことのサインなのだ。

悲しみは、あなたの人生のある面を変える必要があることを――。
罪の意識は、もっと責任にたいして自覚的になる必要を――。
恥の意識は、自分の弱点ではなく強みに目を向ける必要を――。
嫉妬や羨望は、人生で本当に欲しいものは何かをはっきりさせる必要を――。
無感動は、精神的、身体的刺激がもっと必要であることを――。
不安は、問題を避けるのではなく、それに向き合う必要を――。

ネガティブな感情は、成長と発達に必要なもの。それらは、行動すること、苦痛の原因である状況や心の持ち方を変えること、そして前進することを要求している。

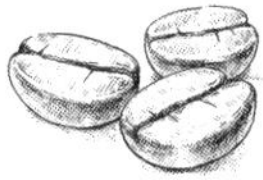

**ネガティブな感情は、人生に変化を求める内面からのメッセージだ。無視せずに、その気持ちを感じ、メッセージを読みとろう。**

# 36 困難に向き合う

困難なことや、努力が必要なこと、悲しいことに直面すると、手っ取り早い解決方法や、問題を回避する方法を探したくなる。けれども手っ取り早い解決策や回避は、けっしてうまくいかないものだ。

コーヒーをたくさん飲みたいとき、お湯で量を増やしても、ただまずいコーヒーを飲むはめになるだけ。人生においても同じことが言える。手っ取り早い解決策は、私たちを出発点に戻すか、さらに悪いところへ導くかのどちらかだ。目を開き、問題と向き合い、経験を受け入れ、それを乗り越えるまで、あなたは前に進めない。

たとえどこに行き着くか分からなくても、目をしっかり開いてその経験を受けとめるのだ。一方の足をもう一方の足の前に出し続ければいい。それを通り抜けたとき、あなたはより強く、より賢くなっている。向き合っていた苦しみや問題はもはや過去ものだ。そして、これからの人生にずっと役立つ、とても大切なものを得るのだ。

困難は、貴重な経験をもたらし、人生の次の段階において、あなたが知っておくべき大事なことを教えてくれるもの。自分にはそれを乗り越える力があり、いつか終わりがくることを信じて、光が見えるまで暗闇の中を歩くのだ。そこには、解決と幸福が待っている。だから前に進み続けるのだ。正しいものの見方を保ち、目と心を開こう。あなたは大丈夫だ。

**手っ取り早い解決策を探さずに、困難を正面から受けとめよう。そうすれば、それはあなたが次の段階に進む力を与えてくれる。**

コーヒー、それは政治家を賢明にし、
あらゆる事柄を半分閉じた目で見通させる

――アレグザンダー・ポープ『髪の毛盗み』

# 第 6 章
# 沸騰したお湯は風味をこわす

コーヒーに沸騰しているお湯を使うと、
苦味が出て味が落ちる。

# 37 バランスの崩れを見つける

元気でいるには少しばかりのストレスが必要だ。けれどもストレスがひどい場合は問題だ。それは、人生のある部分を変える必要があることを伝えようとしている。

ストレスの困った点は、正しいものの見方ができなくなり、分別まで失ってしまうことだ。たとえば、コーヒーを飲みすぎたり、星占いのページを何度も読みかえしたり、お金がないのに使いすぎたり、あとで後悔するようなことをする――。

人生のどこにバランスの崩れがあるのか見つけることが、ストレスに対処するためには必要だ。豪華な食事や、高価な買い物、精神安定剤では根本的な解決にはならない。生活全体の中での仕事・休息・遊びのバランスをとることが、ストレスにたいする最も効果的な対策なのだ。

まずは、シンプルに自分の生活を注意深く見つめてみよう。どこにバランスの崩れがあるだろうか。働きすぎなら、休息や遊びの時間をとるように心掛ける。反対に遊びと休息ばかりなら、頭や身体を刺激するチャレンジを取り入れる。静かな時間を過ごしていないなら、ゆったりと自分を見つめる時間をもうける。このように自分のためにバランスをとることは、ストレスを減らすために大きな効果がある。たとえ時間がかかったとしても、バランスを取り戻すべきなのだ。

コーヒーは沸騰させると苦味が出る、つまり何事も度を越してはいけないのだ。バランスよく、ほどほどであることが、幸せな人生の鍵。楽しいことにも終わりがなくてはならない。

あなたが口にしている一杯のコーヒーもだ。

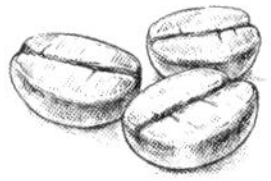

**仕事・休息・遊びのバランスはとれているだろうか。**
**ストレスを減らすために、時間がかかっても、**
**バランスを取り戻すべきだ。**

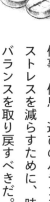

# 38 身体をゆるめる

ストレスがたまると身体の筋肉が緊張し、頭痛、息苦しさ、胃のむかつき、ものが飲みこみにくくなるといった不快な感覚が生まれる。こうした感覚がさらなる緊張を引き起こし、悪循環となる。

こうした身体の緊張に対処するテクニックがいくつかある。その方法のひとつは、身体全体を筋肉ごとにゆっくりとリラックスさせていくものだ。まず肩の力を抜くことからはじめる。そして顔の筋肉、胴体の筋肉と順番にゆるめていく。そして、深く呼吸をしながら、さらに全身をリラックスさせていくのだ。

瞑想やヨガのテクニックも、素晴らしい効果を発揮する。次のシンプルな方法を試してみてほしい。たとえば「幸せ」など、フォーカスする言葉をひとつ選ぶ。静かに座り、いちど全身の筋肉を緊張させてからゆるめる。身体をリラックスさせ、深く呼吸する。そして息を吐くたびにフォーカスする言葉をとなえる。最初はまず五分間行い、だんだん時間を増やしていくとよい。一日に一回は行ってほしい。

リラックスするのは簡単そうに思えるが、実際は練習が必要だ。緊張に慣れてしまっていると、逆に不快に感じることさえある。でも、気にしないように。心地よく感じるまでには時間がかかる。空腹、満腹、疲れすぎのときは練習しないこと。くつろぎやすいように部屋を整えるのも大切だ。

ストレスで疲れきった思考に邪魔されることは、あらかじめ覚悟しておこう。邪念が現れても気にしない。長々とそれについて考えないほうがよいのだ。そうした考えが浮かんでくることを受け入れてから、そこから注意をそらせばいい。

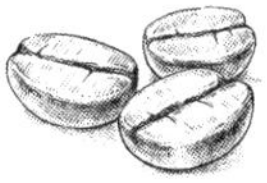

**ストレスは身体に不快な緊張を引き起こす。**
**身体をリラックスさせるテクニックで、心身の悪循環を断ち切ろう。**

# 39 呼吸のテクニックを取り入れる

リラックスには、呼吸のテクニックも有効だ。鼻から行う、深くゆっくりとした腹式呼吸は、心身両面でストレスに対処するのを助けてくれる。

まずはシンプルなヨガ呼吸のエクササイズをしてみよう。五つ数える間ゆっくりと鼻から息を吸いこみ、次に息をとめて五つ数える。今度は五つ数える間鼻からゆっくり息を吐き出す。これを好きなだけ繰り返せばいい。規則正しい呼吸は身体の興奮をしずめ、呼吸に合わせて数を数えることで、心を穏やかに落ち着かせる。

ストレスがあると、呼吸が速くなることがある。速い呼吸は短期的なものなら問題ないが、習慣的なものになると問題だ。酸素と二酸化炭素のバランスが崩れて、めまい、疲労、体中の筋肉や節々の痛み、といった不快な症状となる。こうした体の不快は、心に不安をいだかせるので、新たなストレスのサイクルを引き起こしてしまう。

こうした不安を感じているときのための簡単な呼吸法がある。まず吐けるだけ息を吐き出す。次にゆっくりと息を吸いこみ、完全に肺を満たす。腹部が外側に動くような感じでやるとよい。それからまた、ゆっくりと完全に息を吐き出す。リズムをとりながら、これを繰り返す。息苦しくなるようなら、まずは普通の呼吸からはじめて、次第に一回の呼吸の長さを伸ばしていくようにする。必死にならないで、できるだけ力を抜くことが大切だ。

心配や不安を感じるたびに正しい呼吸の練習をしていると、深く呼吸することが、どんどん楽になっていく。はじめてのときは、深い呼吸と浅い呼吸の違いを感じるため、横になって練習するのもいいだろう。

呼吸のテクニックは、物事を正しく捉えるための時間と余裕を与えてくれる。人生の本質的なバランス、つまり身体、頭、心、魂のバランスを取り戻してくれるのだ。

**深くゆっくりとした呼吸は心身両面に効果がある。**
**ストレスを感じたときのために、マスターしておこう。**

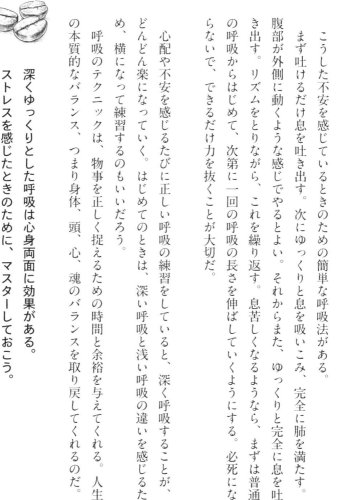

Coffee Break

## コーヒー好きの偉人たち

世に知られたコーヒー好きには、ヴォルテール、ルイ十四世、ナポレオン、ベートーヴェン、そして「コーヒー・カンタータ」の作曲者J・S・バッハなどがいる。

ベートーヴェンの秘書、シンドラーによると、彼は毎朝コーヒーを飲んだ。そのたびに、まるで神聖な儀式のように、一杯のコーヒーのために豆六十粒を数えたという。

スウェーデンのグスタフ三世は、コーヒーと紅茶の影響を調べるため、双子の片方にコーヒーを、片方に紅茶を飲ませ続けた。実験の結果、紅茶を飲んだほうが八十三歳で先に亡くなった。グスタフ三世は、双子より先に亡くなり、結果を見届けることはなかった。

コーヒー愛好家の頂点は作家バルザックだ。彼はフランスで最も多作な作家の一人。一日六十杯以上ものコーヒーを飲んで、一晩に二時間しか眠らず、この偉業をなしとげた。

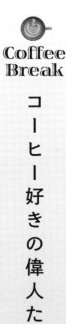

# 40 過剰にならない

ヴォルテールは一日に五十杯のコーヒーを飲んだと言われている。コーヒーが彼の創作活動に何らかの役割を果たしたのかどうかは分からない。しかしコーヒー中毒だったという記録が事実なら、彼は慢性的なストレス、不眠、神経過敏、そして消化器系の問題をかかえていたと思われる。

コーヒーを飲むことは、生活の中でも最も過剰になりやすいことのひとつだ。理由は簡単。コーヒーを飲むのは楽しいから。コーヒーだけがつくりだせる魔法のひとときを知っているから、つい飲みすぎてしまうのだ。

しかし、あまりにコーヒーを飲みすぎると日中は神経過敏で、夜は不眠になりかねない。コーヒーを本当に楽しむには、健康を損なわない程度にしておかなくてはならない。度を越せば、それはもはやお楽しみではなくなってしまう。

バランスは、幸福な人生の鍵だ。コーヒーの木は、日中は暖かな熱帯の温度が必要だが、夜の涼しさもまた必要とする。夜の涼しさが成長速度をゆるめ、それが何ともいえない風味を生む。湿気が多すぎても少なすぎてもいけない。つまり、木の健康な成長のためには、バランスのとれた環境が必要なのだ。

古代ギリシアの「中庸」という有名な言葉は、バランスの重要性を思い出させてくれる。人生も最高の状態で活動するためには、バランスをとるよう努力する必要があるのだ。

どんなに楽しくとも、度が過ぎればストレスの原因に変わる。
すべてにおいてバランスをとることが必要だ。

# 41 時間を管理する

何も考えず、忙しい生活を続けていると、そのうちに忙しさに押しつぶされる。「すべきこと」と「できること」の間で悩み、まったく楽しめなくなるのだ。このアンバランスは、時間管理で解決できる。これができれば、自分を誇らしく思えるようになり、他の人も、敬意を持ってあなたに接するようになる。時間管理の基本を紹介しよう。

**リストをつくる**

しなければならないことすべてを、書き出す。リストは毎日見るようにしてほしい。

**優先順位をつける**

ここがポイントだ。リストに優先順位をつけよう。他の人に任せられる仕事はあるだろうか？　すべてをする必要があるだろうか？　必要のないものは削除しよう。

### 大変なことを最初に行う

一日のはじめに最も難しい仕事を片づける。先延ばしにはしないように。

### ノーと言う

何かをしたくない、またはできない場合は、ノーと一度だけ言おう。ノーと言うための言い訳を考えないように。ノーに理由は必要ない。

毎日自分のための時間を必ずとるようにしよう。コーヒーブレイクを優先順位の最後にしないように。際限なく仕事を引き受け、あいた時間を埋めるべきではない。定期的な休憩時間が、高い生産性のためには不可欠だ。一杯のコーヒーは贅沢ではなく実際に必要なものなのだ。神経が疲れたら、温かい湯気のことを思い出そう。目を閉じて、コーヒーカップのぬくもりを手に感じるのだ。さあリラックスしよう。

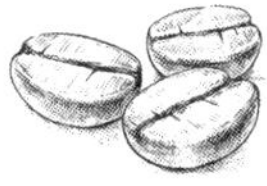

**時間管理は自己評価と生産性を高める方法だ。**
**必ず自分のための時間は確保すること。**

# 42 心に訴える経験をする

あなたの人生を、次の角度から振りかえってみよう。あなたは誰と時間を過ごしているだろうか？　家族、友だち、恋人、子どもとの時間を十分とっているだろうか？新しく人と知り合うための努力は何かしているだろうか？

あなたの心に訴えかけ、あなたを深く満足させる経験を探すべきだ。それはいったいなんだろう？　海辺を歩くこと、素晴らしい音楽を聴くこと、優れた本を読むこと、あるいは一杯のコーヒーを楽しむことかもしれない。

具体的に何をするかは、実はあまり問題ではない。それが、あなたの心を悩みから解放し、あなたの深い部分に栄養を与えるものでありさえすればいいのだ。これを忘れると、私たちは、神経質になり、ストレスをかかえ、不安を感じるようになる。

心を穏やかにする最も効果的な方法のひとつは、自然に触れることだ。たとえば、都会から脱出し、ウォーキングする。空の色、緑の草原、鳥の歌を味わう……しばらくの間のんびりし、穏やかさと静けさを楽しもう。

こうしたことを実行すると、驚くほど早く自分自身が回復するのを感じるはずだ。頑張りすぎて、自分をないがしろにしていると、自己評価が低くなってしまう。自然を味わい、シンプルな喜びにひたり、あなたの自尊心を回復させよう。

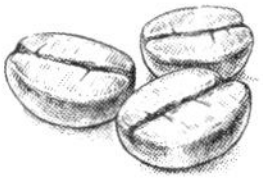

**心の底から深く満足できる時間を確保するべきだ。**
**自分を大切にしていれば、低い自己評価に苦しむことはない。**

Coffee Break

# コーヒーの味についての専門用語

アシディティ……コーヒーの酸味。辛口の白ワインの舌に感じる刺激に似ている。
ボディ……舌に感じる重さのイメージ。味の厚みのようなもの。
ハード……不快な薬品臭や、かびのような香味のこと。
ヨード臭……薬品臭のような香り。リオ臭とも言う。
ラバー……ゴムのような味のこと。
リッチ……芳醇で、まろやかな良い酸味を持っていること。
バランス……味の要素が調和していて、ひとつが他をだめにすることのない状態。

# 43 何もしない時間を持つ

リラックスして、心を落ち着かせるもうひとつの方法は、身体的に自分を安定させることだ。心が穏やかになるのを感じるまで、呼吸の速度を落としてみよう。目を閉じて、おなかがゆるんで膨らむのを感じながら、深い呼吸を繰り返す。落ち着いたら目を開け、ゆっくりと部屋に意識を戻そう。

内なる強さと自尊心を持ったバランスのいい人生を送るには、何もしない時間、ただ緊張をときほぐしながら、自分を見つめるだけの時間が必要だ。毎日数分間は、まったくの静けさの中で過ごしてほしい。テレビやラジオは消す。本を読むのもだめだ。

最初は、長い時間行わないように。慣れれば、長くできるようになる。そして、行動しているあなたと、何もしていないあなたの間で、バランスがとれるようになる。

こうした精神的な時間は、意欲を高め、自分の進むべき方向をはっきりさせてくれる。そして、あなたは大切な人や大切なことにかける時間を増やすようになるだろう。

今までの人生で出会った人たちに感謝を感じるかもしれないし、あるいは、世界の人々との一体感を感じ、他人への責任感を強く感じるようになる可能性もある。

私たちはいつも、十分なお金がない、もっと大きな車が欲しいと嘆いている。あまりに自分の心配ばかりに夢中になり、すでに自分が喜ぶべきことや満足すべきことがたくさんあるのに、それを忘れてしまっていることが多いのだ。

自分自身の幸運に気づけば、自分の利益ばかり考えている姿勢から、もっと現実的で責任ある姿勢へと変わる。こうした感情を持つことで、違う形の満足感、心の平和、感謝の気持ちが生まれてくる。

何もしない自分と向き合う時間は、あなたの深いところにある魂と向き合っている時間とも言える。それが本当のあなたであり、それが満足すれば、心の平和が得られるのだ。

**何もしない時間を毎日とること。**
**それはあなたにバランスを取り戻し、方向性をはっきりさせる。**

睡眠？
それはカフェインのおそまつな代用品じゃないのかね？

――レイブ

# 第 7 章
# 温かいうちに飲む

コーヒーを温めておけるのは 15 分くらいの間だけ。
それ以上たつと、風味が悪くなる。

# 44 成功者の感覚を持つ

くつろいでコーヒーを楽しむたびに、自分は成功者だという感覚を持つ練習をしよう。この感覚は、不可能と思えるような困難をも乗り越える力となる。誰でも必ず成功の味を知っている。その経験を思い出して、精神を集中してみよう。

どんな成功体験があるかは、それほど重要ではない。その経験がもたらす満足感が重要なのだ。ダーツの勝負に勝った、新しいエスプレッソマシーンの使い方をマスターした——といった小さな成功でかまわない。思い出せるかぎり詳細に思い出して、そのときの感覚を再現しよう。詳細に思い起こせば、実際に自信と成功の感覚を味わうことができる。

脳の研究者たちによると、人はその可能性の一パーセントも使っていないという。あなたの中には、あなたが思っているよりはるかに多くの能力があるのだ。

一九五四年までは、だれもが一マイル（約一・六キロメートル）を四分以下で走ることは不可能だと思っていた。そこへ四分の壁を信じないロジャー・バニスターがあらわれた。彼は四分の壁を破る世界新記録を樹立したが、その後すぐに、世界中のランナーが次々と一マイル四分を破る記録を出しはじめた。なぜだろうか？　それは長い間の思いこみが、打ち砕かれたからだ。

他の目標を達成するのも、同じことだ。まず最初に克服しなければならないのは、私たちの心の壁。達成できると信じてはじめて、それは達成できるのだ。

健康と幸福の秘訣は、人生の一瞬一瞬を、いい気分で過ごすこと。いい気分は、自信を持ち、人生に目的があると感じていることから生まれる。それは、人生で出会う困難を克服するために必要な答えを、自分は持っているという内なる確信でもある。

自分を勝者のように感じよう。期待して、なりたい自分を思い描くのだ。あなたの行動はやがて、あなたが描いた自分自身のイメージに追いつくものとなるだろう。

**達成できると思うことが、目標達成の第一歩だ。**
**自分は必ずできるのだと成功者の感覚を持つことからはじめよう。**

Coffee Tips

# コーヒーの新鮮さを保つ

コーヒー豆は、使用直前に挽くのが一番だ。挽いたコーヒー粉は酸化するのが早いので、パックして、できるだけ酸素に触れないようにしておかなくてはならない。

家庭では、密閉した容器に入れ、冷蔵庫または冷凍庫で保管することにより、酸化の速度を遅らせ、コーヒーに他の匂いがうつるのを防ぐ。

コーヒーは生ものだ。時間とともに質が落ちる。ローストした豆は密閉した容器で約一ヶ月間もつ。挽いたコーヒー粉であれば密閉した容器でせいぜい二週間だが、真空パックすれば一年は大丈夫。

コーヒーの味わいを楽しめるのは、淹れてから十分から二十分の間。冷めたコーヒーを温めなおすと、風味がほとんど消えてしまう。

# 45 思考のパワーを活用する

思考とは磁石のようなもの。あなたは、あなたが心で描いているもののほうへと引っ張られる。だから、何を考えるかが重要となる。何を考えるかは賢く選んでほしい。いつも思い描いていることが、実現するのも当然といえば当然。あなたは何かを考えるたびに自分の運命を築いていると言えるのだ。

思考のパワーを使って、あなたのネガティブな思いこみを変えてみよう。自分は十分にいい人間だ、十分に頭がいい、十分に愛すべき人間だ、と自分自身に語りかけてほしい。心の中で何度も繰り返そう。これを今日からはじめるのだ。

嫌いな人がいるなら、彼らがあなたの友だちで、あなたを助けてくれていると想像しよう。事態が変わるまでに、そんなに時間はかからない。他の人があなたのポジティブで楽天的な姿勢に応えるようになる。あなたの求めていたことが起こりはじめるのだ。

ネガティブな考えが、あなたの気力をくじく前につかまえてしまおう。ふだん、あなたはどれくらいネガティブな予想をしているだろうか。子ども時代から植えつけられたパターンを変えるには、かなりの努力が必要だ。しかし、新しい言葉を学ぶのと同じで、一度コツをつかむまでが勝負だ。

「自分は本当にだめだ」「失敗ばかりしている」といった言葉を自分にかけるたび、それが本当のことなのか疑問を持ってほしい。本当に悪いことばかりだっただろうか？すべてあなたのせいだったのだろうか？　理性的な判断をしているだろうか？　それは本当に重要なことなのだろうか？

ネガティブな考えは、庭の雑草のように、広がる前に取ってしまおう。元の美しさを取り戻したあなたの庭が見えてくるはずだ。

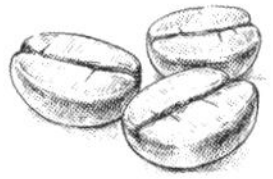

**人は考えているもののほうへと、近づいていく。**
**ネガティブな考えは、早めに摘み取ってしまおう。**

# 46 ものの見方を変える

どうしてもネガティブな考えを変えられないときに役立つ方法がある。「私の知るかぎりでは」という言葉を使うのだ。

たとえば「自分の家なんてぜったいに持てない」と考えたなら、「私の知るかぎりでは、家を買う余裕はない」と言い換えてみるのだ。「私の知るかぎりでは――」という言葉をつけることで、あなたは心の余裕を持つことができる。加えて、環境が変わるかもしれないという可能性も考えに入れることができるのだ。実際なんらかの環境変化が起きる可能性は高い。

他人のネガティブな意見にも、この言葉を使ってみよう。たとえば母親から「あなたなんて何もできやしない」と言われたら「私の知るかぎりでは、あなたは成功しないと思う」と言われたと考えるのだ。そうすれば、母親の意見は彼女のものの見方であり、他の人も同じように考えているわけではないと、気づくことができる。物事はいつだって、よい方向に変えることができるのだ。

苦悩を引き起こす最も大きな原因のひとつは、自分のしたいことができないまま終わるのではないかという不安だ。自分が何をしたいのかを悟るために、人生の最後まで待つ必要はない。死の恐怖に心を乱すのではなく、それを、自分が本当にしたいことは何なのかを考えるきっかけにするのだ。

高齢者への調査で、死を平静に受けとめられるのは、死を無視せずに、心の準備をした人であることがわかっている。

あなたは何がしたいのだろうか？　考えてみてほしい。心配などせずに、とにかく今すぐ取りかかるのだ。コーヒーが温かさを保っていられるのは、ほんのわずかの時間だけだ。そして、あなたの人生も、限りある貴重なものなのだ。

チャンスを逃がさずに今を生きよう。

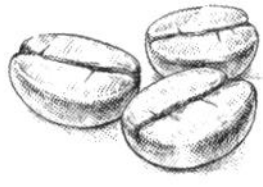

**ネガティブな考えや不安にとらわれているには、人生は短すぎる。**
**心を穏やかにして、今すぐしたいことをするべきだ。**

トルコでは、妻にコーヒーを与えるのを拒否したり怠ったりすることが、離婚の正当な理由として認められていた

――ウィリアム・H・ユカーズ

# 47 今日を生きる

今日を楽しんで生きるには、過去と未来は、あなたが気にかけなくても自然にうまくいっていると信じることが必要だ。幸せな人生を送っている人は、人生が計画どおりにいかないときでも、自分には生きるために必要なものすべてがそろっていると確信しているものだ。運が悪いのは一時的なことで、そのうちうまくいくと思っている。自分自身を疑う日もあるけれど、この世は素晴らしい場所で、いつか望みはかなうと思っている。だから、平和な気持ちに戻れるのだ。

人生はときには、たとえば愛する人の死のような、耐えがたい苦しみをもたらす。バランスを取り戻すまでに、長い時間かかることもあるだろう。しかし、たとえどんなに大変でも、あなたは何か感謝することを見つけられるはずだ。あなたの健康、友だちや家族の愛情、おいしい食事——。

誰かに腹がたったり、本当に落ちこんでしまったら、自分が持っているもののことを考えて、感謝の気持ちを呼びさまそう。

人生には、いつまでも心に残るハイライトもあるが、たいていは何でもない普通の日だ。けれどもそういう普通の日の中にも、楽しめることがたくさんある。ただ気がつかなかったり、当たり前のように思っているだけなのだ。

年齢は、人の幸福感のレベルとは無関係だ。三十年間、同じ被験者に何度もインタビューをするという長期的な調査が行われた。そこで、人生で一番幸せだったときはいつかという質問に、毎回八十パーセントの人が「今」だと答えたのだ。幸せであるために、若すぎることも、年をとりすぎていることもない。

人生があなたに何を投げてこようとも、重要なのはあなたがそれにどう応じるかということだ。あなたは、今この瞬間に幸せになることができる。過去に生きたり、よりよい未来を願うこともできるけれど、チャンスをつかみ、自分の持っているものを喜び、毎日をフルに生きることもできるのだ。

**今、この瞬間に幸福を感じられるかどうかはあなた次第だ。**
**たとえ、どんな不幸や苦難があったとしても――。**

# 48 今この瞬間を楽しむ

本書を手にしたあなたは、自分自身に素晴らしいプレゼントを贈るチャンスを得たのだ。あなたの関心、エネルギー、意欲を今この瞬間に集中してほしい。そうすればあなたは、人生を満ち足りて生きることができる。

今のあなたを振りかえってほしい。あなたは過去に生きたり、未来に願いをかけたりしていないだろうか？　今日は今日のことに集中する必要がある。今という時間を、あわただしく通り過ぎたり、混乱したり、ぼんやりした状態ですごさないように。

ただ存在するのではなく、現在に生きるのだ。エネルギーを他のところにかけてはいけない。もし未来や過去に気持ちがとらわれているなら、今すぐにやめて自分にこう言うべきだ。

「今この瞬間に生きよう」

コーヒーを楽しむように、人生もあわてて飲みほすのではなく、心から味わうのだ。

悲しくても楽しくても、大変でイライラしても、今日という日がすべてだと考えよう。ただ今日を精一杯感じること。深く呼吸をしてこの瞬間に生きるのだ。

今日のあなたの人生を見つめ、あるがままを楽しもう。出会った人の話に耳を傾け、彼らがどんな人なのか観察し、この瞬間をできるかぎり最高のものにするのだ。そうやって、あなた自身を楽しもう。


悩みや心配は忘れ、今を味わい、行動しよう。パワーは常に今の瞬間にある。そう、今だ。この瞬間もまたあなたの人生の貴重な時なのだ。

あなたは今を楽しんでいるだろうか?

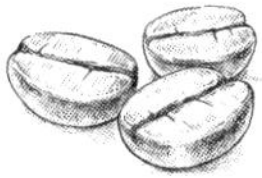

**あなたのエネルギーは今、現在に向いているだろうか。**
**過去や未来に向いているなら、たった今から、この瞬間を楽しむべきだ。**

# あとがきにかえて

イギリスの詩人、ウィリアム・ブレイクは砂粒の中に世界を見た。私たちも、草の葉、木の枝、温かなキス、一杯のコーヒー、そして心をなぐさめてくれる、すべてのものの中に、世界を見ようではないか。この世界を、魔法と神秘、喜びと驚きの場所と考えよう。

## コーヒーの起源

コーヒーの実が飲み物になることを、誰がどのように発見したかは、定かではない。しかし伝説はたくさんある。

そのひとつは、カルディというエチオピアのヤギ飼いが豆を発見したという説だ。ある日食べ物を探すことに疲れたヤギが、なじみのない低木の甘く赤い実をかじった。そうするとヤギたちは、驚くほどの元気さで後ろ足をけりあげはじめた。ヤギの様子を見てその実を食べてみたカルディもまた、歌い踊りたくなった。この不思議な実のニュースは近くの僧院に伝わった。そして、その地の修道士たちは、祈りの間彼らが眠くなるのを防いでくれるその実を、喜んで受け入れたということだ。

もうひとつは高僧オマールの話だ。オマールはイエメンの王の娘と恋に落ちたため、イエメンを追放された。彼は食べるものもなく歩いていた山中で、鳥がついばむ赤い木の実を見つけた。それをスープにして飲んでみると、とても元気が出た。その後オマールはこのスープで病人を救い、王の許しを得る。そして彼はコーヒーを発見した聖者として、崇拝され、歴史に名を残すこととなった。

## コーヒーショップのはじまり

優れた品質のコーヒー豆アラビカは、紅海周辺が原産地。六世紀にはすでに栽培されていたことがわかっている。コーヒーは最初のころ、食べ物として、果実をまるごと食べるものだった。現在の、豆を煎るスタイルに近づいたのは十三世紀になってからのことだ。

はじめてのコーヒーハウスがカイロでオープンしたのは、一五五〇年のこと。しかしコーヒーハウスは体制批判の場と見なされた。そのため中東の多くのコーヒーハウスが攻撃され閉店に追いこまれることになった。

一六三七年、ヨーロッパで最初のコーヒーハウスがイギリスに開店した。その後三十年で、酒場に代わって社会的、商業的、政治的な交流の場となった。そこは一杯のコーヒー代一ペニーでどんな話題でも話し合うことができることから、「ペニー大学」という呼び名がつけられたほどだった。混雑した木のテーブルと、煎った豆のうっとりする香りの間から、新聞や銀行、保険会社が生まれていったのだ。

## コーヒー禁止令

コーヒーの、穏やかな興奮剤としての作用は、さまざまな事件を引き起こしてきた。十六世紀には、メッカの地方長官ハイール・ベイが、歌やダンスなどの騒ぎを起こす原因だとして、コーヒーを飲むことだけでなくコーヒーハウス自体を禁止した。しかし不運なことに、彼が禁止を報告したカイロのスルタンが大のコーヒー好きだったため、禁止は撤回されたばかりか、ハイールはその後すぐに首を切られることとなった。

後の時代では、フランス革命の第一幕・バスティーユ襲撃は、オペラ劇場の近くのコーヒーハウスではじまったという噂がある。また、ボストンのグリーンドラゴン・コーヒーハウスは、アメリカ独立戦争の立役者たちのミーティングの場であったことが知られている。

十七世紀、イギリスのコーヒーハウスは、男性同士が交流する聖域として、女性を締め出していた。女性たちは、コーヒーハウスに反対という点で政府と意見を同じくした。一六七四年には男性を家庭からおびき出すものだとしてコーヒーを非難し、「コーヒーに反対する女性たちの請願」を出した。そして一年後国王のチャールズ二世がコーヒーハウスの営業を禁じようとしたが、結局うまくはいかなかった。

コーヒーハウスはイギリスではすたれていったが、他のヨーロッパ諸国では人気のある集いの場であり続けた。パリジャンに最も人気の場所のひとつは、一六八九年にコーヒーハウスとして開店したカフェ・プロコプ。この店にはルソーやヴォルテールなどの哲学者も通いつめた。

一六六〇年、オランダ人がアメリカにコーヒーを紹介し、イギリススタイルのコーヒーハウスで供給するようになった。そこはイギリス国王ジョージ三世による茶税に反対する革命運動家の集会場となった。彼らは、コーヒーを飲みながら政治を語った。そして一七七三年、イギリスの決めた茶法に反発して起こったボストン茶会事件から独立戦争へと続いていく。こうしてコーヒーはアメリカを代表する飲み物となった。

コーヒーは思考を刺激し会話をはずませる。いくつかの革命がコーヒーハウスで醸成されたのも驚くことではない。コーヒーを愛するあなたも、そうした思想家、革命家といった独立心の強い人々とつながっているのだ。お忘れのないように。

## エスプレッソマシーンの登場

禁じられたにもかかわらず、コーヒーはますます愛されるようになった。

今から約六十年ほど前、イタリアで家庭用エスプレッソマシーンが発明されてコーヒーの世界は一気に発展する。コーヒーは、多様性のある味わい深い飲み物としての地位を獲得したのだ。現在ではバニラ、ラズベリー、チョコレートミント、アマレット、オレンジなどのフレーバーコーヒー、それらに加え、フラペチーノや様々なカフェイン抜きコーヒーが、アメリカをコーヒー愛好家にとって最もエキサイティングな場所としている。

もはやコーヒーの勢いはとどまるところを知らない。コーヒーハウスは、世界中で憩いの場となった。人々はそこで、コーヒーが登場して以来ずっと行ってきたように、心を落ち着け、意見をかわし、新しいアイデアを生み出している。

## コーヒーがあなたの生き方を変える

今日では、コーヒーは世界で最も愛されている飲み物だ。コーヒーのさまざまなテクニックは、単に飲み物としてだけでなく、生き方に関わるものとなっている。穏やかさ、落ち着き、バランス、インスピレーション。それらすべてがコーヒーカップの中にあるのだ。

コーヒーが人に活力を与えることは、古くから知られていた。今日、コーヒーを飲みながら人生の問題に取り組む習慣が、科学的にも支持されている。研究の結果、一杯のコーヒーが緊張をやわらげ気分を高めるのに、本当に効果があることが証明されたのだ。もちろんあなたは、そんなことはとっくにご存知だっただろうが——。

# 人生で大切なことはコーヒーが教えてくれる

発行日　2018年10月20日　第1刷

**Author**　テレサ・チャン

**Translator**　佐々木雅子
**Book Designer**　松石悠

**Publication**　株式会社ディスカヴァー・トゥエンティワン
〒102-0093　東京都千代田区平河町2-16-1 平河町森タワー 11F
TEL 03-3237-8321（代表）FAX 03-3237-8323 http://www.d21.co.jp

**Publisher**　干場弓子
**Editor**　原典宏　松石悠

**Marketing Group Staff**　小田孝文　井筒浩　千葉潤子　飯田智樹　佐藤昌幸
谷口奈緒美　古矢薫　蛯原昇　安永智洋　鍋田匠伴　榊原僚　佐竹祐哉　廣内悠理
梅本翔太　田中姫菜　橋本莉奈　川島理　庄司知世　谷中卓　小木曽礼丈　越野志絵良
佐々木玲奈　高橋雛乃

**Productive Group Staff**　藤田浩芳　千葉正幸　林秀樹　三谷祐一　大山聡子
大竹朝子　堀部直人　林拓馬　塔下太朗　木下智尋　渡辺基志

**Digital Group Staff**　清水達也　松原史与志　中澤泰宏　西川なつか　伊東佑真
牧野類　倉田華　伊藤光太郎　高良彰子　佐藤淳基

**Global & Public Relations Group Staff**
郭迪　田中亜紀　杉田彰子　奥田千晶　連苑如

**Operations & Accounting Group Staff**
山中麻吏　小関勝則　小田木もも　池田望　福永友紀

**Assistant Staff**　俵敬子　町田加奈子　丸山香織　井澤徳子　藤井多穂子
藤井かおり　葛目美枝子　伊藤香　鈴木洋子　石橋佐知子　伊藤由美　畑野衣見
井上竜之介　斎藤悠人　平井聡一郎　宮崎陽子

**Proofreader**　文字工房燦光
**DTP**　株式会社 RUHIA
**Printing**　中央精版印刷株式会社



ISBN 978-4-7993-2370-0